TUSCULUM
BÜCHER

*

CATULLUS
CARMINA

LATEINISCH UND DEUTSCH

BEI ERNST HEIMERAN MÜNCHEN
1925

CATULLI VERONENSIS LIBER

NEUNTER BAND
DER TUSCULUM · BÜCHER

DAS BUCH CATULLS AUS VERONA

NACH THEOD. HEYSE UND ANDEREN
BEARBEITET VON WILHELM SCHÖNE · LEIPZIG

1

Cui dono lepidum novum libellum
arida modo pumice expolitum?
Corneli, tibi: namque tu solebas
meas esse aliquid putare nugas,
iam tum cum ausus es unus Italorum   5
omne aevum tribus explicare chartis,
doctis, Iuppiter, et laboriosis!
quare habe tibi quidquid hoc libelli
qualecumque: quod, o patrona virgo,
plus uno maneat perenne saeclo.   10

2

Passer, deliciae meae puellae,
quicum ludere, quem in sinu tenere,
cui primum digitum dare adpetenti
et acris solet incitare morsus,
cum desiderio meo nitenti   5
carum nescio quid libet iocari
et solaciolum sui doloris,
credo, ut tum gravis adquiescat ardor,
tecum ludere sicut ipsa possem
et tristis animi levare curas!   10
tam gratum est mihi quam ferunt puellae
pernici aureolum fuisse malum,
quod zonam soluit diu negatam.

3

Lugete, o Veneres Cupidinesque
et quantum est hominum venustiorum!
passer mortuus est meae puellae,
passer, deliciae meae puellae,
quem plus illa oculis suis amabat;   5

WIDMUNG

Und wem schenk' ich das hübsche neue Büchlein,
Kaum vom trockenen Bimsstein ausgeglättet?
Dir, Cornelius: denn du glaubtest immer,
Meine Sächelchen seien doch nicht ohne,
Da schon, wie du als allereinz'ger wagtest
In drei Bände den Zeitenlauf zu bannen,
Inhaltschwere, bei Gott, und mühevolle!
Darum nimm es denn, wie's nun ist, das Büchlein,
Ob auch wenig, und mög' es, Jungfrau Muse,
Ein Jahrhundert hinaus und länger leben.

AUF LESBIAS VÖGLEIN

Sperling, meiner Geliebten kleiner Liebling,
Den im Schoße sie hegt, mit dem sie tändelt,
Dem sie, naht er sich, ihre Fingerspitze
Zeigt, zu heftigem Picken ihn zu reizen,
Wenn mein einzig Verlangen, meine Schönste,
Dann und wann sich ersieht ein liebes Spielzeug,
Das ihr einige Lindrung wohl der Sorgen
Und ein Tröstlein in ihrem Kummer bringe:
Ach, daß ich wie die Herrin mit dir spielen
Und die Sorgen des Herzens lindern dürfte!
Auch mir wär' es so lieb wie jenem raschen
Mägdlein, sagen sie, einst der goldne Apfel,
Der den lange geschlossnen Gürtel löste.

TOTENKLAGE UM LESBIAS VÖGLEIN

Weint, Göttinnen der Lieb' und Liebesgötter,
Und was Liebliches lebt auf Erden, weine!
Ach, tot ist er, der Sperling meines Mädchens,
Jener Sperling, die Freude meines Mädchens,
Den sie zärtlicher liebt' als ihre Augen.

nam mellitus erat, suamque norat
ipsam tam bene quam puella matrem,
nec sese a gremio illius movebat,
sed circumsiliens modo huc modo illuc
ad solam dominam usque pipiabat.   10
qui nunc it per iter tenebricosum
illuc, unde negant redire quemquam.
at vobis male sit, malae tenebrae
Orci, quae omnia bella devoratis;
tam bellum mihi passerem abstulistis.   15
o factum male! o miselle passer!
tua nunc opera meae puellae
flendo turgiduli rubent ocelli.

4

Phasellus ille, quem videtis, hospites,
ait fuisse navium celerrimus,
neque ullius natantis impetum trabis
nequisse praeterire, sive palmulis
opus foret volare sive linteo.   5
et hoc negat minacis Adriatici
negare litus insulasve Cycladas
Rhodumque nobilem horridamque Thraciam
Propontida trucemve Ponticum sinum,
ubi iste post phasellus antea fuit   10
comata silva: nam Cytorio in iugo
loquente saepe sibilum edidit coma.
Amastri Pontica et Cytore buxifer,
tibi haec fuisse et esse cognitissima
ait phasellus; ultima ex origine   15
tuo stetisse dicit in cacumine,
tuo imbuisse palmulas in aequore,
et inde tot per impotentia freta
erum tulisse, laeva sive dextera
vocaret aura, sive utrumque Iuppiter   20

War so herzig und war so süß und kannte
Sie so gut wie ein Kindchen seine Mutter.
Denn nie wollt' er von ihrem Schoße weichen,
Sondern hüpfend im Kreise, hier- und dorthin,
Immer sah er die Herrin an und piepte.
Und nun wandert er jenen grabesdunklen
Weg, den, sagen sie, keiner noch zurückkam.
Doch verflucht sollst du sein, du leidig finstrer
Orcus, der du verschlingst, was liebenswert ist:
Solch ein liebliches Vöglein umzubringen!
O des Frevels! du armes, armes Spätzlein!
Um dich weinet sich jetzt das liebe Mädel
Rot die Äugelein, die von Tränen schwellen.

DIE GALEOTTE

Die Galeotte, die ihr schauet, liebe Herrn,
Sagt, daß sie von den Schiffen das behendeste
Gewesen sei. Kein Kiel, so vogelschnell er schoß,
Sei ihr zuvorgekommen, ob sie fortgeschnellt
Von Ruderschlägen, ob sie unterm Segel flog.
Und dieses, sagt sie, leugne weder Adrias
Bedrohlich Ufer, weder der Cycladen Kranz,
Das edle Rhodus, noch die rauhe thracische
Propontis oder Pontus' schreckenvolle Bucht,
Wo sie, die heut ein Schifflein, ehemals noch war
Belaubter Wald, der auf Cytorus' Höhen oft
Sein muntres Laub im Winde plaudernd säuseln ließ.
Amastris, Pontushafen, und Cytorus, du
Von Buchs umgrünter, wußtest dies und weißt es, mein
Die Galeotte, weil vom ersten Anbeginn
Sie deinen Gipfel, sagt sie, überschattet hat,
In deinem Golf gewagt den ersten Schritt ins Meer,
Von wo sie weiter schweifend über wilde Flut
Den Herrn getragen, mochten linkshin oder rechts
Die Winde wehen, oder günstig beiderseits

simul secundus incidisset in pedem;
neque ulla vota litoralibus diis
sibi esse facta, cum veniret a mari
novissime hunc ad usque limpidum lacum.
sed haec prius fuere: nunc recondita   25
senet quiete seque dedicat tibi,
Gemelle Castor et gemelle Castoris.

5

Vivamus, mea Lesbia, atque amemus,
rumoresque senum severiorum
omnes unius aestimemus assis.
soles occidere et redire possunt:
nobis, cum semel occidit brevis lux,   5
nox est perpetua una dormienda.
da mi basia mille, deinde centum,
dein mille altera, dein secunda centum,
deinde usque altera mille, deinde centum,
dein, cum milia multa fecerimus,   10
conturbabimus illa, ne sciamus,
aut ne quis malus invidere possit,
cum tantum sciat esse basiorum.

6

Flavi, delicias tuas Catullo,
ni sint illepidae atque inelegantes,
velles dicere, nec tacere posses.
verum nescio quid febriculosi
scorti diligis: hoc pudet fateri.   5
nam te non viduas iacere noctes
nequiquam tacitum cubile clamat
sertis ac Syrio fragrans olivo,
pulvinusque peraeque et hic et illic
attritus, tremulique quassa lecti   10
argutatio inambulatioque.

Ins aufgebauschte Segel blasen Juppiter.
Auch habe nie ein Notgelübde sie gezollt
Den Ufergöttern auf der langen Fahrt, bis hier
Zum klaren See zuletzt sie kam aus fernem Meer.
Doch das ist nun vorüber! Heute liegt sie still
Im Ruhehafen altersmüd und weihet sich
Dir, Castors Zwillingsbrüderlein, und, Castor, dir.

LIEBESGLÜCK

Leben wollen wir, Lesbia, und uns lieben,
Und der alten Philister Kritteleien
Solln uns allzumal keinen Heller wert sein.
Sonnen können sinken und wiederkehren;
Doch wenn unser geringes Lichtlein einmal
Sinkt, dann schlafen wir ewig e i n e Nacht durch.
Komm, gib Küsse mir, tausend und noch hundert,
Darnach wiederum tausend und noch hundert,
Und so immer erst tausend und dann hundert!
Sind viel tausend zuletzt beisammen, Liebste,
So verwischen wir schnell die Rechnung, daß wir
Selbst die Summe nicht kennen, noch ein Neider
Unsre sämtlichen Küsse zählen möge!

AUFFORDERUNG ZUR LIEBESBEICHTE

Gerne sprächst du von deinen Liebesfreuden,
Könntest nicht sie verhehlen dem Catullus,
Wären, Flavius, fein sie nur und passend.
Ein heißblütiges Dirnchen, scheint's, bestrickt dich,
Und dergleichen geniert man sich zu beichten.
Denn nicht einsam verschläfst du deine Nächte;
Laut bezeugt es das stumm-beredte Lager,
Das von syrischem Öl und Kränzen duftet.
Auch dein Kissen ist stellenweise merklich
Abgelegen, und was die Bettstatt anlangt,
Muß ich sagen: sie wankt und knarrt bedenklich!

nam nil stupra valet, nihil, tacere.
cur? non tam latera ecfututa pandas,
ni tu quid facias ineptiarum.
quare, quidquid habes boni malique,   15
dic nobis: volo te ac tuos amores
ad caelum lepido vocare versu.

7

Quaeris quot mihi basiationes
tuae, Lesbia, sint satis superque?
quam magnus numerus Libyssae harenae
lasarpiciferis iacet Cyrenis,
oraclum Iovis inter aestuosi   5
et Batti veteris sacrum sepulcrum;
aut quam sidera multa, cum tacet nox,
furtivos hominum vident amores;
tam te basia multa basiare
vesano satis et super Catullo est,   10
quae nec pernumerare curiosi
possint nec mala fascinare lingua.

8

Miser Catulle, desinas ineptire,
et quod vides perisse perditum ducas.
fulsere quondam candidi tibi soles,
cum ventitabas quo puella ducebat
amata nobis quantum amabitur nulla.   5
ibi illa multa tum iocosa fiebant,
quae tu volebas nec puella nolebat.
fulsere vere candidi tibi soles.
nunc iam illa non vult: tu quoque, impotens, noli,
nec quae fugit sectare, nec miser vive,   10
sed obstinata mente perfer, obdura.
vale, puella! iam Catullus obdurat,
nec te requiret nec rogabit invitam:

Doch bei solchem Geschäfte nützt kein Schweigen.
Wie denn? Zeigt nicht der Gang, der lendenlahme,
Was für saubre Geschichten du zur Nacht treibst?
Darum, wie es auch sei, ob wohl, ob übel,
Sag' mir's nur, und ich will mit hübschen Liedern
Dich und Liebchen bis in den Himmel heben.

KOSESTÜNDCHEN

Wieviel Küsse ich haben möchte, fragst du,
Bis ich, Lesbia, endlich satt sie habe?
So viel libyschen Wüstensand Cyrenes
Öde silphionreiche Steppen zählen
Vom Orakel des sonnenheißen Ammon
Bis zu Battus', des alten, heilgem Grabmal,
So viel Sterne in stummer Nacht am Himmel
Auf der Menschen verstohlne Liebe schauen:
So viel Küsse von dir zu küssen wünscht dein
Liebestrunkner Catull, um satt zu werden,
Die kein lauschendes Auge zählen möchte
Noch ein tückischer Zaubermund berufen.

SCHWERER ENTSCHLUSS

Gib auf, Catullus, gib sie auf, die Torheiten,
Und was verloren, laß verloren sein, Ärmster!
Dir glänzten ehmals sonnenhelle Glückstage,
Als du dem Mädchen, wie sie lockte, nachgingest,
Die du geliebt, wie keine noch geliebt worden.
Da gab's genug der süßen Scherze, Tollheiten,
Die du begehrtest und das Mädchen nicht wehrte;
Da glänzten wahrlich sonnenhelle Glückstage.
Jetzt will sie nicht mehr; wolle, Schwächling, du auch nicht!
Verfolge nicht, die fliehet, mach dich nicht elend!
Nein, starren Nacken trag's, ein Mann, und sei standhaft!
Fahr hin denn, Mädchen! Ja, Catullus ist standhaft.
Nie kommt er wieder, gibt dir nie ein gut Wörtchen;

at tu dolebis, cum rogaberis nulla.
scelesta, vae te! quae tibi manet vita!   15
quis nunc te adibit? cui videberis bella?
quem nunc amabis? cuius esse diceris?
quem basiabis? cui labella mordebis?
at tu, Catulle, destinatus obdura.

9

Verani, omnibus e meis amicis
antistans mihi milibus trecentis,
venistine domum ad tuos penates
fratresque unanimos anumque matrem?
venisti! o mihi nuntii beati!   5
visam te incolumem audiamque Hiberum
narrantem loca, facta, nationes,
ut mos est tuus, applicansque collum
iucundum os oculosque saviabor.
o, quantum est hominum beatiorum,   10
quid me laetius est beatiusve?

10

Varus me meus ad suos amores
visum duxerat e foro otiosum,
scortillum, ut mihi tunc repente visum est,
non sane illepidum neque invenustum.
Huc ut venimus, incidere nobis   5
sermones varii, in quibus, quid esset
iam Bithynia, quo modo se haberet,
ecquonam mihi profuisset aere.
respondi id quod erat, nihil neque ipsis
nec praetoribus esse nec cohorti,   10
cur quisquam caput unctius referret,
praesertim quibus esset irrumator
praetor nec faceret pili cohortem.
'at certe tamen' inquiunt, 'quod illic

Doch fühlen sollst du's, wenn dir keiner mehr nachfragt.
Treulose, weh dir! Welch ein Leben harrt deiner!
Wer wird dich suchen? Wer, wie sonst, dich schön finden?
Wen wirst du lieben? Wer dich liebes Herz nennen?
Wen wirst du küssen? Wem die Lippen wund beißen?
Doch du, Catullus, sei ein Mann und bleib standhaft!

WILLKOMMEN!

Mein Veranius, unter allen Freunden
Du von Tausenden mir der Erstgeliebte,
Bist du wieder daheim am Vaterherde,
Bei den lieben Geschwistern und der Mutter?
Ja, du bist's — o erwünschte Freudenbotschaft!
Ich darf wieder dich sehn und plaudern hören
Von der Spanier Land und Volk und Wundern,
Wie du's liebst und verstehst, am Halse hängend
Dir den freundlichen Mund, die Augen küssen?
O ihr glücklichen Menschenkinder alle,
Wer ist glücklicher nun als ich und froher?

MISSGLÜCKTE RENNOMAGE

Jüngst, als müßig am Markt ich stand, kam Varus,
Mir sein Liebchen zu zeigen, und ich folgt' ihm.
Eine Jungfer ist's nicht — das hatt' ich gleich weg! —
Doch ein artiges, gar nicht übles Dirnchen.
Als beisammen wir saßen, kam die Rede
Bald auf dieses und jenes, unter andrem
Auf Bithynien auch, wie's dort sich lebe,
Und ob wacker es Geld mir eingetragen.
Treulich gab ich Bescheid ihr: Weder Prätor,
Noch Gefolge, bemerkt' ich, seien fetter
Heimgekommen von dort, als hin sie gingen!
Jetzt zumal; denn ein Maulheld sei der Prätor
Und bekümmre sich nicht um seine Leute! —
„Aber," fielen die beiden ein, „gewiß hast

natum dicitur esse comparasti,   15
ad lecticam homines.' ego, ut puellae
unum me facerem beatiorem,
'non' inquam 'mihi tam fuit maligne,
ut, provincia quod mala incidisset,
non possem octo homines parare rectos.   20
(at mi nullus erat neque hic neque illic
fractum qui veteris pedem grabati
in collo sibi collocare posset.)
hic illa, ut decuit cinaediorem,
'quaeso' inquit 'mihi, mi Catulle, paulum   25
istos: commoda nam volo ad Serapim
deferri.' 'mane,' inquii puellae,
'istud quod modo dixeram, me habere,
fugit me ratio: meus sodalis
Cinna est Gaius; is sibi paravit.   30
verum, utrum illius an mei, quid ad me?
utor tam bene quam mihi pararim.
sed tu insulsa male et molesta vivis,
per quam non licet esse neglegentem.'

11

Furi et Aureli, comites Catulli,
sive in extremos penetrabit Indos,
litus ut longe resonante Eoa
    tunditur unda,
sive in Hyrcanos Arabasve molles,   5
seu Sacas sagittiferosve Parthos,
sive quae septemgeminus colorat
    aequora Nilus,
sive trans altas gradietur Alpes
Caesaris visens monimenta magni,   10
Gallicum Rhenum, horribile aequor, ulti-
    mosque Britannos,

Aufgeschwungen du dich zu Sänftenträgern,
Wie dort jeder sie hat?" — „Ei freilich," sag ich,
— Um ein wenig der Maid zu imponieren, —
„Ganz so jämmerlich ging mir's doch nicht. Wenn auch
Mager war die Provinz, acht stramme Kerle
Hab ich immer dabei mir leisten können!"
(Ach, nicht einen besaß ich noch besitz' ich,
Weder dorten noch hier, zu dem ich spräche:
„Nimm mein wackliges Faulbett auf den Rücken!") —
Das Persönchen — man kennt die Art — begann drauf:
„Darf ich, lieber Catullus, auch ein wenig
Um die prächtigen Burschen bitten? Wollte
Grade mich zum Serapis tragen lassen." —
„Halt, Verehrteste," rief ich, „halt! ich meint' es
Anders eigentlich! 's ist ein Mißverständnis!
Mir gehören sie nicht, mein Freund, der Cajus,
Hat gekauft sie, der Cajus Cinna, weißt du,
Und ob e r sie besitzt, ob i c h , was tut es?
Ich gebrauche sie stets wie meine eignen! —
Aber einem Geschöpf so dreist, wie d u bist,
Muß man hüten sich etwas vorzuflunkern!"

ABSAGE AN LESBIAS BOTEN

Furius und Aurel, des Catull Begleiter,
Möcht' er weithin ziehn zu entlegnen Indern,
Wo des Ostmeers Woge den Strand umtobt mit
        Brausender Brandung;
Möcht' in üppiger Araber und Hyrcaner,
Saken Land, pfeilschnellender Parther hinziehn,
Oder mittagwärts, wo der Nil mit sieben
        Strömen die See färbt;
Möcht' er steigend über die Alpenhöhen
Siegstrophä'n aufsuchen des großen Cäsar,
Jenen Rhoinotrom Galliens, Meeresgraus und
        Fernste Britannen:

omnia haec, quaecumque feret voluntas
caelitum, temptare simul parati,
pauca nuntiate meae puellae,   15
     non bona dicta.
cum suis vivat valeatque moechis,
quos simul complexa tenet trecentos,
nullum amans vere, sed identidem omnium
     ilia rumpens;   20
nec meum respectet, ut ante, amorem,
qui illius culpa cecidit velut prati
ultimi flos, praetereunte postquam
     tactus aratro est.

12

Marrucine Asini, manu sinistra
non belle uteris in ioco atque vino:
tollis lintea neglegentiorum.
hoc salsum esse putas? fugit te, inepte:
quamvis sordida res et invenusta est.   5
non credis mihi? crede Pollioni
fratri, qui tua furta vel talento
mutari velit; est enim leporum
disertus puer ac facetiarum.
quare aut hendecasyllabos trecentos   10
exspecta, aut mihi linteum remitte,
quod me non movet aestimatione,
verum est mnemosynum mei sodalis.
nam sudaria Saetaba ex Hiberis
miserunt mihi muneri Fabullus   15
et Veranius: haec amem necesse est
ut Veraniolum meum et Fabullum.

13

Cenabis bene, mi Fabulle, apud me
paucis, si tibi di favent, diebus,

Die ihr all dies, wie es im Rat der Götter
Mir verhängt sei, mitzubestehn gedächtet:
Meinem Mädchen meldet ein kurzes Wort, kein
    Gutes zum Abschied:
Mag sie doch wohl leben mit ihren Buhlen,
Die sie jetzt zu hunderten gleich im Arm hält,
Keinen ehrlich liebt und damit die Mannskraft
    Allen zerrüttet.
Aber nie mehr denke sie meiner Liebe,
Welche starb durch sie, wie am Wiesenrand ein
Blümlein hinsinkt, das im Vorüberstreifen
    Knickte die Pflugschar.

EIN SCHLECHTER SCHERZ

Fein, Asinius, ist es nicht, bei frohem
Zechgelage die Linke so zu brauchen,
Daß sie Tücher stibitzt den biedren Gästen!
Scheint dir's witzig, und ahnst du nicht, welch unschön,
Ja welch schmutzig Geschäft das ist, du Tölpel?
Willst du's glauben nicht mir, so glaub's doch deinem
Bruder Pollio, der versteht, was Witz heißt,
Und als ehrlicher Junge viel drum gäbe,
Könnt' er deinen Charakter ändern, Gauner!
Darum wähle: mit wohlgezählten Versen
Strenge Züchtigung oder Rückerstattung!
Her mein Tuch! so gering sein Wert, ich lieb' es;
Lieb's als teueres Freundesangedenken:
Mein Veranius, mein Fabullus sandten
Aus Hispanien mir solch feines Linnen;
Und ich muß in den Gaben den Fabullus
Und den lieben Veranius verehren.

EINLADUNG ZUM MAHLE

Tafeln sollst du bei mir, und gut, demnächst schon,
Wenn die Götter dir hold sind, mein Fabullus

si tecum attuleris bonam atque magnam
cenam, non sine candida puella
et vino et sale et omnibus cachinnis.   5
haec si, inquam, attuleris, venuste noster,
cenabis bene; nam tui Catulli
plenus sacculus est aranearum.
sed contra accipies meros amores
seu quid suavius elegantiusve est: 10
nam unguentum dabo, quod meae puellae
donarunt Veneres Cupidinesque,
quod tu cum olfacies, deos rogabis,
totum ut te faciant, Fabulle, nasum,

14

Ni te plus oculis meis amarem,
iucundissime Calve, munere isto
odissem te odio Vatiniano:
nam quid feci ego quidve sum locutus,
cur me tot male perderes poetis?   5
isti di mala multa dent clienti
qui tantum tibi misit impiorum.
quod s , ut suspicor, hoc novum ac repertum
munus dat tibi Sulla litterator,
non est mi male, sed bene ac beate,   10
quod non dispereunt tui labores. —
di magni, horribilem et sacrum libellum,
quem tu scilicet ad tuum Catullum
misti, continuo ut die periret,
Saturnalibus, optimo dierum!   15
non, non hoc tibi, false, sic abibit:
nam, si luxerit, ad librariorum
curram scrinia, Caesios, Aquinos,
Suffenum, omnia colligam venena,
ac te his suppliciis remunerabor.   20
vos hinc interea valete, abite

Was die Speisen betrifft, so — bring' sie selbst mit,
Gut und reichlich, dazu ein schmuckes Mädel,
Salz und einigen Wein und tolle Laune!
Ich versichre, du tafelst gut, mein Holder,
Schaffst du all das herbei; denn dein Catullus
Hat den Beutel zur Zeit voll Spinngewebe.
Doch als Gegengeschenk, nebst echter Freundschaft,
Biet' ich Köstliches dar und Superfeines:
Eine Salbe, ich sag' dir, eine Salbe,
Die mein Mädchen bekam von Venus selber,
Sollst du riechen und alle Götter anflehn:
Laßt den ganzen Fabullus — Nase werden!

LITERARISCHE WEIHNACHTSGESCHENKE

Wärst du, herziger Calvus, mir nicht lieber
Als mein Auge, so würd' um dein Geschenk ich
Mit vatinischem Haß dich hassen müssen.
Denn was hab' ich in aller Welt verbrochen,
Daß du mich mit Poeten morden wolltest?
Strafen sollen die Götter d e n Klienten,
Der d i e Rotte von Sündern dir beschert hat.
Schenkt dir, wie ich vermute, so erlesne
Raritäten der schriftgelahrte Sulla,
Ist's schon recht, ja es freut mich außermaßen,
Daß doch deine Bemühung nicht umsonst war. —
Himmel! Was für ein schauderhaft verfluchtes
Buch! Und das dem Catull ins Haus, — begreiflich,
Daß es ihm noch heute ans Leben gehe,
Grad' am herrlichsten Tag, den Saturnalien!
Nun, das soll dem Verräter nicht geschenkt sein,
Morgen lauf' ich in alle Bücherläden,
Will die Cäsier da, Suffen, Aquinus,
Allen giftigen Schund zusammenraffen:
Mit d e r Buße belohn' ich deine Sendung.
Ihr indessen, hinaus, hinaus, und zieht mir

2

illuc unde malum pedem attulistis,
saecli incommoda, pessimi poetae.

15

Commendo tibi me ac meos amores,
Aureli. veniam peto pudentem,
ut, si quicquam animo tuo cupisti,
quod castum expeteres et integellum,
conserves puerum mihi pudice,   5
non dico a populo: nihil veremur
istos qui in platea modo huc modo illuc
in re praetereunt sua occupati;
verum a te metuo tuoque pene
infesto pueris bonis malisque.   10
quem tu qua libet, ut libet, moveto
quantum vis, ubi erit foris paratum:
hunc unum excipio, ut puto, pudenter.
quod si te mala mens furorque vecors
in tantam impulerit, sceleste, culpam,   15
ut nostrum insidiis caput lacessas,
ah tum te miserum malique fati,
quem attractis pedibus patente porta
percurrent raphanique mugilesque.

16

Pedicabo ego vos et irrumabo,
Aureli pathice et cinaede Furi,
qui me ex versiculis meis putastis,
quod sunt molliculi, parum pudicum.
nam castum esse decet pium poetam   5
ipsum, versiculos nihil necesse est,
qui tum denique habent salem ac leporem,
si sunt molliculi ac parum pudici
et quod pruriat incitare possunt,
non dico pueris, sed his pilosis,   10

Heim, von wannen der schnöde Fuß euch hertrug,
Ärgernisse der Welt, ihr Schandpoeten!

WARNUNG DES EIFERSÜCHTIGEN

Laß, Aurelius, mich und meinen Liebling
Dir empfehlen zu wohlbedachter Schonung,
Daß, wenn je ein Besitz von dir begehrt ward,
Den du rein und unangetastest wünschtest,
Du den Knaben mir wahrst in Zucht und Ehren,
Nicht vorm Volke etwa — mich kümmern wenig
Jene Tausende, wie sie auf der Gasse
Hin und her dem Geschäfte nach vorbeiziehn, —
Nein, vor dir hab' ich Angst und deiner Rute,
Die rechtschaffne bedroht wie schlimme Knaben.
Magst sie immer nach Herzenslust gebrauchen,
Wenn du außer dem Hause bist; doch bitte,
Diesen Einzigen nehm' ich aus, in Ehren.
Und wenn hämische Bosheit, blinder Wahnsinn
Je dich Frevler zu solcher Schandtat triebe, —
Mich mit tückischer List herauszufordern, —
Unglückseliger, weh! verloren bist du,
Dem, die Füße gespannt, zum offnen Pförtchen
Fisch und Rettiche durchspazieren sollen.

RECHTFERTIGUNG

Vergewaltigen will ich euch noch beide,
Lump Aurelius — Furius Lustknabe,
Die ihr, weil ich so weiche Verse schreibe,
Glaubt, ich tändle und sei zu wenig sittsam.
Nein, es soll zwar der Dichter keusch und fromm sein,
Er persönlich, die Verse müssen's nicht sein,
Die doch dann erst Gewürz und Laune haben,
Wenn sie tändeln und allzuwenig sittsam,
Was nur jucken will, anzustacheln wissen,
Nicht die Jünglinge, nein, behaarte Männer,

qui duros nequeunt movere lumbos.
vos quod milia multa basiorum
legistis, male me marem putatis?
pedicabo ego vos et irrumabo.

17

O Colonia, quae cupis ponte ludere longo,

et salire paratum habes, sed vereris inepta

crura ponticuli assulis stantis in redivivis,

ne supinus eat cavaque in palude recumbat,

sic tibi bonus ex tua pons libidine fiat,   5

in quo vel Salisubsilis sacra suscipiantur:

munus hoc mihi maximi da, Colonia, risus.

quendam municipem meum de tuo volo ponte

ire praecipitem in lutum per caputque pedesque,

verum totius ut lacus putidaeque paludis   10

lividissima maximeque est profunda vorago.

insulsissimus est homo, nec sapit pueri instar

bimuli tremula patris dormientis in ulna:

cui cum sit viridissimo nupta flore puella

(et puella tenellulo delicatior haedo,   15

adservanda nigerrimis diligentius uvis),

ludere hanc sinit ut libet, nec pili facit uni,

nec se sublevat ex sua parte, sed velut alnus

in fossa Liguri iacet suppernata securi,

Die die trockenen Lenden kaum mehr rühren.
Mein Gedicht von den tausend Küssen last ihr,
Meine Männlichkeit wollt ihr draus bezweifeln?
Vergewaltigen will ich euch noch beide!

FROMMER WUNSCH

O verehrliche Bauernschaft, die auf stattlicher Brücke
Gerne tanzte den Ringeltanz, aber immer befürchtet,
Daß ihr wackliges Steglein, ach, jählings purzle zusammen,
Weil so schwächlich die Stützen sind, und dann lägt ihr im
        Sumpfe, —
Nun, es möge, wie ihr's begehrt, bald erstehen die Brücke,
Schön und stattlich, so daß darauf tanzen könnte die
        Hauptstadt! —
Doch ein Späßchen erlaubt zuvor: — o, das wäre zum
        Lachen! —
Laßt mich Hals über Kopf vom Steg werfen noch in den
        Tümpel
Einen biederen Landsmann, der längst schon schwer mich
        geärgert!
Aber sagt mir die Stelle auch, wo das sumpfige Wasser
Eures Sees am tiefsten ist und am lieblichsten duftet!
O, er ist zum Verzweifeln dumm, und ein schlafendes Büb-
        lein,
Das der Vater im Arme wiegt, ist gescheiter, auf Ehre!
Hat ein Mädchen da heimgeführt, ein jungreizendes
        Pflänzchen,
Und das Mädchen, so fein fürwahr, wie das zarteste
        Lämmlein,
Das er ängstlicher hüten müßt', als die saftigsten Trauben,
Darf spazieren, wohin es will! Nicht ein bißchen besorgt's
        ihn,
Keinen Finger bewegt er drum, wie ein Baum, der im Graben
Liegen bleibt an demselben Platz, wo vom Beil er gestürzt
        ward,

tantundem omnia sentiens quam si nulla sit usquam, 20

talis iste meus stupor nil videt, nihil audit,

ipse qui sit, utrum sit an non sit, id quoque nescit.

nunc eum volo de tuo ponte mittere pronum,

si pote stolidum repente excitare veternum

et supinum animum in gravi derelinquere caeno, 25

ferream ut soleam tenaci in voragine mula.

21 *)

Aureli, pater esuritionum,
non harum modo, sed quot aut fuerunt
aut sunt aut aliis erunt in annis,
pedicare cupis meos amores.
nec clam: nam simul es, iocaris una, 5
haerens ad latus omnia experiris.
frustra: nam insidias mihi instruentem
tangam te prior irrumatione.
atque id si faceres satur, tacerem:
nunc ipsum id doleo, quod esurire 10
mellitus puer et sitire discet.
quare desine, dum licet pudico,
ne finem facias, sed irrumatus.

22

Suffenus iste, Vare, quem probe nosti,
homo est venustus et dicax et urbanus,
idemque longe plurimos facit versus.

*) Als Nr. 18—20 stehen in älteren Ausgaben ein kurzes Frag-
ment sowie zwei Gedichte, die nicht von Catull stammen.

Unempfindlich, und weiß von nichts, wie ein noch nicht
                                        erschaffnes
Wesen! — Grade so ist's mit dir, Klotz, der nicht hören
                                        noch sehn will,
Der nicht weiß, ob er lebt, ob nicht, ob er Mensch oder
                                        Tier ist! —
O, ich möchte sogleich vom Steg jählings werfen den
                                        Schwachkopf,
Ob nicht doch er im Sturz vielleicht ein klein wenig nur
                                        aufwacht,
Und — die schier aus dem Haupt ihm wächst — seine
                                        Dummheit im Sumpfe
Stecken läßt, wie im Straßenkot sein Hufeisen ein Esel!

ERNEUTE WARNUNG

Du, Aurelius, aller Hungerleider
Herr und Meister, so viele jetzo hungern,
Einst gehungert und künftig hungern mögen,
Unzucht hast du im Sinn mit meinem Liebling,
Offenbar: du verfolgst ihn, spielst mit ihm, hängst
Wie ein Schatten an ihm, versuchst's mit allem.
Eitle Mühe! Denn eh' du mir zu nah' trittst,
Will ich selber dich erst in Arbeit nehmen.
Wärst du wenigstens satt, so ließ ich's hingehn;
Doch nun muß ich befürchten, daß der Junge
Gar von Hungern und Dursten angesteckt wird.
Darum höre nur auf, jetzt noch in Ehren,
Eh' man dir das Gelüst mit Schanden austreibt.

IN GOLDSCHNITT

Suffen, du kennst ihn ja wie keiner, Freund Varus,
Den schönen Mann, den feinen Herrn, den Witzkrämer,
Der überdies auch Verse macht in Unmassen!

puto esse ego illi milia aut decem aut plura
perscripta, nec sic, ut fit, in palimpsesto   5

relata: chartae regiae novi libri,
novi umbilici, lora rubra, membrana
derecta plumbo, et pumice omnia aequata.
haec cum legas tu, bellus ille et urbanus
Suffenus unus caprimulgus aut fossor   10
rursus videtur: tantum abhorret ac mutat.
hoc quid putemus esse? qui modo scurra
aut si quid hac re tritius videbatur,
idem infaceto est infacetior rure
simul poemata attigit, neque idem umquam   15
aeque est beatus ac poema cum scribit:
tam gaudet in se tamque se ipse miratur.
nimirum idem omnes fallimur, neque est quisquam,
quem non in aliqua re videre Suffenum
possis. suus cuique attributus est error,   20
sed non videmus manticae quod in tergo est.

23

Furi, cui neque servus est neque arca
nec cimex neque araneus neque ignis,
verum est et pater et noverca, quorum
dentes vel silicem comesse possunt,
est pulchre tibi cum tuo parente   5
et cum coniuge lignea parentis.
nec mirum: bene nam valetis omnes,
pulchre concoquitis, nihil timetis,
non incendia, non graves ruinas,
non furta impia, non dolos veneni,   10
non casus alios periculorum.
atqui corpora sicciora cornu
aut si quid magis aridum est habetis
sole et frigore et esuritione.

Die tausend, glaub' ich, schrieb er schon, die zehntausend
Und mehr noch! — Doch nicht Pergament, wie sonst
                    üblich, —
Kanzleipapier benützt er; neu die Buchrollen,
Modern der Umschlag: rotes Leder, Goldtitel,
Gepreßt, verziert aufs feinste, kurz ein Prachtopus!
Nun aber lies es, Freund, und sieh, das anmut'ge
Und feine Herrchen wandelt sich zum Stallknechte,
Zum Grabenschaufler um! Wer kennt den Mann wieder?
Was meinst du dazu? — Er, der sonst den Kopf voll hat
Von Witz und Schalkheit, wird mit einemmal bäurisch
Und abgeschmackt, wenn ihn das Dichten anwandelt?
Und doch beglückt ihn nichts mehr als das Versschreiben
Da wiegt er sich in Lust und darf sich groß fühlen! —
Die Hand aufs Herz, mein Varus! Auch wir Zunftdichter
Sind alle so; wir haben von Suffen etwas.
Wer trüge nicht an einem Stückchen Selbsttäuschung?
Nur sehn wir unsern Quersack nicht; er hängt hinten!

ANGENEHME HÄUSLICHKEIT

Der du, Furius, weder Dach noch Fach hast,
Keine Wanze und Spinne, keine Kohle,
Doch Stiefmutter und Vater, die mit ihren
Zähnen Kiesel sogar zermalmen können,
Herrlich lebst du, mein Freund, mit deinem Alten
Samt dem Ehegespons, dem raspeldürren!
Ist's ein Wunder? Ihr seid im besten Wohlsein,
Könnt vortrefflich verdaun, befürchtet gar nichts,
Keine Feuersgefahr und keinen Einsturz,
Keiner Diebe und Mörder Freveltücken
Oder sonstige schlimme Fährlichkeiten.
Dazu steckt ihr in Körpern, die so trocken
Sind wie Horn, ja gedörrter noch womöglich,
Von der Sonne, dem Frost und Hungerleiden.

quare non tibi sit bene ac beate?   15
a te sudor abest, abest saliva,
muccusque et mala pituita nasi.
hanc ad munditiem adde mundiorem,
quod culus tibi purior salillo est,
nec toto deciens cacas in anno;   20
atque id durius est faba et lapillis,
quod tu si manibus teras fricesque,
non umquam digitum inquinare posses.
haec tu commoda tam beata, Furi,
noli spernere nec putare parvi,   25
et sestertia quae soles precari
centum desine: nam sat es beatus.

24

O qui flosculus es Iuventiorum,
non horum modo, sed quot aut fuerunt
aut posthac aliis erunt in annis,
mallem divitias Midae dedisses
isti, cui neque servus est neque arca,   5
quam sic te sineres ab illo amari.
'quid? non est homo bellus?' inquies. est:
sed bello huic neque servus est neque arca.
hoc tu quam libet abice elevaque:
nec servum tamen ille habet neque arcam.   10

25

Cinaede Thalle, mollior cuniculi capillo
vel anseris medullula vel imula auricilla
vel pene languido senis situque araneoso,
idemque Thalle turbida rapacior procella,
cum luna balnearios ostendit oscitantes,   5
remitte pallium mihi meum quod involasti

Ei, da muß ja das Leben eine Lust sein!
Dich verschonet der Schweiß, verschonet Speichel,
Fluß und Schleim und des Schnupfens Nasenplage.
Doch was reinlicher noch als jene Reinheit,
Ist dein Hinterer, blanker als ein Salzfaß,
Der zehnmal sich im ganzen Jahr nicht äußert,
Und dann kommt es wie Bohnen hart und Steinchen,
Was, mit Händen gerieben und zerkrümelt,
Kaum ein Fingerchen dir beflecken würde.
Diese seltenen schönen Erdengaben
Schlage, Furius, keineswegs gering an,
Und die hundert Sesterzen, die du wünschtest,
Laß sie laufen! — Du bist genug gesegnet.

AN JUVENTIUS

O du Blume von allen, die sich heute
Noch Juventier nennen, einst sich nannten
Und in kommenden Tagen nennen werden,
Wollte lieber, du gäbest Midas' Schätze
Jenem Taugenichts, der nicht Dach noch Fach hat,
Als dir Liebe von ihm gefallen lassen.
„Wie denn?" sagst du, „er ist ein hübscher Herr doch."
Freilich; hätte der Herr nur Dach und Fach noch.
Dieses nimm, wie du willst, vergiß, veracht' es —
Wahr ist doch, daß er weder Dach noch Fach hat.

ULTIMATUM

Verbuhlter Thallus, weicher du als Haar des Seidenhasen,
Als Eiderdunengänseflaum und zarte Ohrenläppchen,
Als eines Greisen welkes Glied und staub'ge Spinneweben,
Und doch im Stehlen so geschwind wie Sturm und Unge-
                                                    witter,
Wenn in der Nacht der Badeknecht statt aufzupassen
                                                    gähnet, —
Den Mantel sende mir zurück, den du gestohlen, Thallus,

sudariumque Saetabum catagraphosque Thynos,

inepte, quae palam soles habere tamquam avita:

quae nunc tuis ab unguibus reglutina et remitte,

ne laneum latusculum manusque mollicellas   10

inusta turpiter tibi flagella conscribillent,

et insolenter aestues velut minuta magno

deprensa navis in mari vesaniente vento.

26

Furi, villula vestra non ad Austri
flatus opposita est neque ad Favoni
nec saevi Boreae aut Apheliotae,
verum ad milia quindecim et ducentos.
o ventum horribilem atque pestilentem!   5

27

Minister vetuli puer Falerni
inger mi calices amariores,
ut lex Postumiae iubet magistrae,
ebrioso acino ebriosioris.
at vos quo libet hinc abite, lymphae,   5
vini pernicies, et ad severos
migrate: hic merus est Thyonianus.

28

Pisonis comites, cohors inanis
aptis sarcinulis et expeditis,
Verani optime tuque mi Fabulle,
quid rerum geritis? satisne cum isto
vappa frigoraque et famem tulistis?   5
ecquidnam in tabulis patet lucelli

Das Tuch aus Spanien und dazu die feine Serviette,
Die du so frank und frei gebrauchst, du Gauner, wie ein
                                    Erbstück,
Die klaube jetzt aus deinen Klaun und sende sie zurücke,
Daß nicht der Lenden weißes Vließ und jene Katzen-
                                    pfötchen
Mit Flammenschrift gar schmählich dir die Geißel über-
                                    kritzle
Und du die tollsten Sprünge machst, gleichwie auf hohem
                                    Meere
Ein winzig Schifflein, überrascht vom wilden Sturmestoben.

BÖSE SOMMERFRISCHE

Gegen sämtliche Winde liegt geschützt dein
Landhaus, Furius, gegen Süd- und Weststurm,
Gegen grimmigen Hauch aus Nord und Osten.
Aber wehe, die Luft verpestend, rüttelt
An dem Häuschen ein Wirbelwind von — Schulden!

BEIM TRINKGELAGE

Knabe, fülle vom alten, vom Falerner,
Mir mit herberem Feuer meine Becher,
Nach Postumias Satzung, unsrer Herrin,
Die wie trunkene Traubenkerne trunken.
Doch ihr weichet von hinnen, flaue Wasser,
Weinverderber, und spült die Stockphilister
Aus; hier fließe die lautre Bacchusgabe!

SCHLIMME REISEERLEBNISSE

Pisos Reisegefährten, leichte Wandrer
Mit bequemen und dünngeschnürten Bündeln,
Mein Veranius, alter Freund Fabullus,
Sagt, wie treibt ihr es? Habt mit jenem Geizhals
Ihr nun Hunger und Frost genug gelitten?
Liest man statt des Gewinns in eurem Buchlein

expensum, ut mihi, qui meum secutus
praetorem refero datum lucello:
'o Memmi, bene me ac diu supinum
tota ista trabe lentus irrumasti.'   10
sed, quantum video, pari fuistis
casu: nam nihilo minore verpa
farti estis. pete nobiles amicos!
at vobis mala multa di deaeque
dent, opprobria Romuli Remique.   15

29

Quis hoc potest videre, quis potest pati,
nisi impudicus et vorax et aleo,
Mamurram habere quod Comata Gallia
habebat ante et ultima Britannia?
cinaede Romule, haec videbis et feres?   5
et ille nunc superbus et superfluens
perambulabit omnium cubilia
ut albulus columbus aut Adoneus?
cinaede Romule, haec videbis et feres?
es impudicus et vorax et aleo.   10
eone nomine, imperator unice,
fuisti in ultima occidentis insula,
ut ista vestra diffututa mentula
ducentiens comesset aut trecentiens?
quid est alid sinistra liberalitas?   15
parum expatravit an parum elluatus est?
paterna prima lancinata sunt bona;
secunda praeda Pontica; inde tertia
Hibera, quam scit amnis aurifer Tagus;
Nunc Galliae timetur et Britanniae.   20
quid hunc malum fovetis? aut quid hic potest
nisi uncta devorare patrimonia?
eone nomine urbis, o potissimi
socer generque, perdidistis omnia?

Ausgegebenes? wie bei meinem Prätor,
Wo ich statt des Ertrags die Kosten eintrug.
Wahrlich, Memmius, erzbeschälermäßig
Hast geschoren du mich und dann geschunden!
Doch, so viel ich erseh', ihr wart in gleichem
Fall, denn nichts Geringeres habt ihr beide
Ausgehalten. Ja, sucht euch „hohe Gönner"!
Doch ihr möget der Götter Zorn erfahren,
Die des römischen Namens Schmach und Schande!

MAHNRUF AN CÄSAR

Wer kann's ertragen, wer vermag es anzusehn,
Wenn er nicht selbst verhurt, verdorben und verlumpt,
Daß in Mamurras Hände fällt, was Gallien
Zuvor besessen und das fernste Britenland?
Du weibisch Römervolk, du siehst das und erträgst's?
Und jener darf in Überflusses Übermut
Von Bett zu Bett schmarotzend in die Runde gehn,
Als weißer Tauber, als Adonis spreizen sich?
Du weibisch Römervolk, du siehst das und erträgst's?
So bist du selbst verhurt, verdorben und verlumpt! —
Zu diesem Ende, großer Imperator, zogst
Du durch die Abendlande bis zum Ozean,
Daß jener unverschämte Bruder Lüderlich
Verschlänge hundert über hundert Tausende?
Das heißt doch wirklich Schelmenliberalität!
Vertat er denn und praßt' er etwa nicht genug?
Zum ersten ward verlottert väterliches Gut,
Zum andern Pontus' Beute, drittens obendrein
Die span'sche — Tagus weiß davon, der Goldesstrom —
Jetzt ist die Reih' an Gallien und Britannien.
Und solchen Schurken hätschelt ihr? Was kann er sonst,
Als durch die Gurgel jagen fetten Ahnenschatz?
Zu diesem Ende, großer Imperator, hast
Du mit dem Schwiegersohn die Welt in Brand gesetzt?

30

Alfene immemor atque unanimis false sodalibus,

iam te nil miseret, dure, tui dulcis amiculi?

iam me prodere, iam non dubitas fallere, perfide?

nec facta impia fallacum hominum caelicolis placent;

quae tu neglegis, ac me miserum deseris in malis.   5

eheu, quid faciant, dic, homines, cuive habeant fidem?

certe tute iubebas animam tradere, inique, me

inducens in amorem, quasi tuta omnia mi forent.

idem nunc retrahis te ac tua dicta omnia factaque

ventos irrita ferre ac nebulas aerias sinis.   10

si tu oblitus es, at di meminerunt, meminit Fides,

quae te ut paeniteat postmodo facti faciet tui.

31

Paene insularum, Sirmio, insularumque
ocelle, quascumque in liquentibus stagnis
marique vasto fert uterque Neptunus,
quam te libenter quamque laetus inviso,
vix mi ipse credens Thyniam atque Bithynos   5
liquisse campos et videre te in tuto!
o quid solutis est beatius curis,
cum mens onus reponit, ac peregrino
labore fessi venimus larem ad nostrum

AN EINEN TREULOSEN FREUND

O Alfenus, so leichtsinnig und falsch gegen den Herzens-
freund,
Fühlst du, Böser, mit ihm, den du geliebt, kaum ein Er-
barmen mehr?
Also konntest du mich täuschen, an mir schnöden Verrat
begehn?
Nein, den Göttern gefällt sündige Tat tückischer Menschen
nicht!
Doch du achtest es nicht, wenn du den Freund lässest im
Leid allein:
Sag', wem sollen wir noch glauben, wohin retten die Zu-
versicht?
Anfangs locktest du mich schmeichelnd heran, locktest
Vertrauen ab,
Daß mein offener Sinn dir sich ergab, ohne Gefahr zu sehn;
Und nun trittst du zurück, was du gesagt, was du getan,
wie nichts
Von dir werfend, ein Spiel Winden der Luft, fliegender
Wolken Raub.
Wenn dein Herz es vergaß, weiß es ein Gott, weiß es die
Treue doch,
Der mit bitterer Reu' deinen Verrat einst du entgelten
wirst.

DAHEIM!

O du Juwel der Inseln all und Halbinseln,
Mein Sirmio, so viel in klaren Landseen
Und offnem Meere weit umher Neptun heget,
Wie froh begrüß' ich, wie zufrieden d i c h wieder!
Daß ich Bithynerland verließ und ausruhe
An deinem sich'ren Strand, kaum kann ich's selbst glauben!
O wie es wohl tut, alle Sorgen los werden,
Wenn wir, die Last vom Herzen, müde heimkommen
Aus fremdem Land ans eigne, traute Herdfeuer

3

desideratoque acquiescimus lecto?   10
hoc est quod unum est pro laboribus tantis.
salve, o venusta Sirmio, atque ero gaude;
gaudete vosque, limpidae lacus undae:
ridete, quidquid est domi cachinnorum.

32

Amabo, mea dulcis Ipsitilla,
meae deliciae, mei lepores,
iube ad te veniam meridiatum.
et si iusseris illud, adiuvato,
ne quis liminis obseret tabellam,   5
neu tibi libeat foras abire;
sed domi maneas paresque nobis
novem continuas fututiones.
verum, si quid ages, statim iubeto:
nam pransus iaceo et satur supinus   10
pertundo tunicamque palliumque.

33

O furum optime balneariorum
Vibenni pater, et cinaede fili,
(nam dextra pater inquinatiore,
culo filius est voraciore),
cur non exsilium malasque in oras   5
itis, quandoquidem patris rapinae
notae sunt populo, et natis pilosas,
fili, non potes asse venditare?

34

Dianae sumus in fide
puellae et pueri integri;
Dianam pueri integri
  puellaeque canamus.
o Latonia, maximi   5

Und dann im langersehnten Bett uns ausstrecken.
Das ist der Lohn, der einz'ge, für so viel Mühsal!
Willkommen, schönes Sirmio! sei dem Herrn freundlich;
Ihr alle freut euch, meine muntern Seewellen,
Und was daheim vor Wonne jauchzen mag, jauchze!

BILLETT AN EINE DIRNE

Bitte, bitte, scharmantes Ipsitillchen,
Mein Goldvögelchen, meine Liebesfreude,
Auf ein Schlummerchen laß mich ein zu Mittag.
Und genehmigest du, so sei behutsam,
Daß nicht einer den Riegel vor die Tür schiebt,
Noch beliebe dir selbst hinauszuschwärmen;
Vielmehr halte dich hübsch daheim und rüst' uns
Neun fortlaufende Liebesopfergüsse.
Aber, willst du im Ernst, so hat es Eile;
Denn nach Tische mich hintenüber streckend,
Wird mir Tunica gleich und Mantel enge.

AN VIBENNIUS VATER UND SOHN

Unvergleichlichster aller Badegauner,
O Vibennius Vater, nebst dem Schandsohn,
(Denn raubsüchtiger sind des Alten Hände,
Und vielfräßiger ist der Steiß des Sohnes),
Warum wandert ihr nicht in Bann und Elend
Weit von hinnen? Des Alten Gaunerei'n kennt
Alle Welt, und die rauhen Hinterbacken
Kannst du, Sohn, für ein As nicht mehr verkaufen.

HYMNUS AUF DIANA

Schutzbefohl'ne Dianas, ihr
Keuschen Knaben und Mägdelein,
Auf und singet Dianas Lob!
  Singet, Knaben und Mädchen!
O Latonia, hoher Sproß

ignes interiorem edunt medullam.   15
ignosco tibi, Sapphica puella
musa doctior: est enim venuste
Magna Caecilio incohata Mater.

36

Annales Volusi, cacata charta,
votum solvite pro mea puella:
nam sanctae Veneri Cupidinique
vovit, si sibi restitutus essem
desissemque truces vibrare iambos,   5
electissima pessimi poetae
scripta tardipedi deo daturam
infelicibus ustilanda lignis.
et hoc pessima se puella vidit
iocose lepide vovere divis.   10
nunc, o caeruleo creata ponto,
quae sanctum Idalium Uriosque apertos,
quaeque Ancona Cnidumque harundinosam
colis, quaeque Amathunta, quaeque Golgos,
quaeque Durrachium Hadriae tabernam,   15
acceptum face redditumque votum,
si non illepidum neque invenustum est.
at vos interea venite in ignem,
pleni ruris et inficetiarum
annales Volusi, cacata charta.   20

37

Salax taberna vosque contubernales,
a pilleatis nona fratribus pila,
solis putatis esse mentulas vobis,
solis licere quidquid est puellarum
confutuere et putare ceteros hircos?   5
an, continenter quod sedetis insulsi
centum an ducenti, non putatis ausurum

Fing sie Feuer, und das verzehrt die Ärmste! —
Ich verzeih' es dir, Mägdlein, die gelehrter
Als die sapphische Muse; denn vortrefflich
Fing Cäcilius an die „Göttermutter".

BRANDOPFER ZUR VERSÖHNUNG

Des Volusius Schriften, Dreckpapiere,
Löst mir heut' ein Gelübde meines Mädchens:
Denn der heiligen Venus und Cupido
Schwur sie, wenn ich der ihre wieder wäre
Und die grimmigen Jambenpfeile ließe
Ruhn, des schlechtsten Poeten auserlesne
Schreibereien dem lahmen Gott zu opfern,
Daß sie qualmten im Brand verwünschten Holzes.
Und das wußte das bitterböse Mädchen,
Wie ergötzlich und spaßhaft ihr Gelübde!
Jetzt, o Göttin, im blauen Meer geborne,
Die Idaliums Hain, Apuliens Küste,
Die Ancona, das schilfumgrünte Cnidus,
Die ihr Amathus liebt samt ihrem Golgi
Und Dyrrachium, Adrias Taberne:
Laß hiermit des Gelübdes Schuld bezahlt sein,
Wenn nicht ohne Geschmack es ist und Anmut.
Doch ihr wandert indes hinein ins Feuer,
Ausgeburten der abgeschmackten Fadheit,
Des Volusius Schriften, Dreckpapiere.

WARNUNG AN DIE KNEIPGESELLEN

Du liederliche Kneipe samt den Kneipbrüdern,
Neun Pfeiler von der Dioskuren Bildsäule,
Glaubt ihr, ihr hättet ganz alleine Mannsglieder,
Allein das Recht, wo irgend Mädchen blühn, alle
Zu pflücken, wie wenn unsereins ein Bock wäre?
Glaubt, weil beisammen hundert oder zweihundert
Ihr Laffen dasitzt, daß ich nicht der Mann wäre,

me una ducentos irrumare sessores?
atqui putate: namque totius vobis
frontem tabernae sopionibus scribam.   10
puella nam mi, quae meo sinu fugit,
amata tantum quantum amabitur nulla,
pro qua mihi sunt magna bella pugnata,
consedit istic. hanc boni beatique
omnes amatis, et quidem, quod indignum est,   15
omnes pusilli et semitarii moechi:
tu praeter omnes une de capillatis,
cuniculosae Celtiberiae fili,
Egnati, opaca quem bonum facit barba
et dens Hibera defricatus urina.   20

38

Male est, Cornifici, tuo Catullo,
male est me hercule ei et laboriose,
et magis magis in dies et horas.
quem tu, quod minimum facillimumque est,
qua solatus es allocutione?   5
irascor tibi. sic meos amores?
paulum quid libet allocutionis,
maestius lacrimis Simonideis.

39

Egnatius, quod candidos habet dentes,
renidet usque quaque. si ad rei ventum est
subsellium, cum orator excitat fletum,
renidet ille. si ad pii rogum fili
lugetur, orba cum flet unicum mater,   5
renidet ille. quidquid est, ubicumque est,
quodcumque agit, renidet. hunc habet morbum
neque elegantem, ut arbitror, neque urbanum.
quare monendum est te mihi, bone Egnati.
si urbanus esses aut Sabinus aut Tiburs   10

Zweihundert anzubohren solcher Bankhocker?
Da irrt ihr: diesem ganzen Kneipennest will ich
Die Front mit eurem Phalluswappen anmalen.
Denn meine Schöne, die vom Schoße mir wegfloh,
Die ich geliebt, wie keine noch geliebt worden,
Für die ich schwere Fehden schon bestehn mußte,
Dort sitzt sie nieder. Diese liebt ihr nun sämtlich,
Ihr edlen'Ritter, — was das Ärgste noch, sämtlich
Gemeine Wichte, Winkelgäßchenumtreiber.
Und du vor allen, langbehaarter Löwaffe
Aus Celtiberien, vom Kaninchenhecklande,
Egnatius, dessen Tugend sitzt im Bartschatten
Und Zähnen, die du mit Urin so blank putzest.

ENTTÄUSCHTE FREUNDSCHAFT

Schlecht geht's deinem Catullus, ja beim Himmel,
Cornificius, schlecht genug und elend,
Und von Stunde zu Stunde wird es ärger.
Und du, was das Geringste, was so leicht war,
Hast du je mir ein tröstlich Wort gesprochen?
Geh! ich zürne dir; — das für meine Liebe? —
Rührt doch tiefer ein einzig Freundeswörtlein
Als Simonides' tränenfeuchte Lieder.

DER EWIGE LÄCHLER

Egnatius, weil er weiße Zähne hat, zeigt sie
Und lacht beständig. Ist es im Gerichtssaale,
Wo uns der Anwalt rührend in das Herz redet,
Da lacht er. Wenn bei eines teuern Sohns Leiche
Die arme Mutter um ihr einzig Kind jammert,
Da lacht er. Was begegnen mag und wo immer
Und was er tu', stets lacht er. Diesen Tick hat er,
Der, sollt' ich meinen, weder hübsch noch anständig.
Drum, Freund Egnatius, laß dir einen Rat geben.
Wärst du von Rom, Sabiner oder aus Tibur,

aut parcus Umber aut obesus Etruscus
aut Lanuvinus ater atque dentatus
aut Transpadanus, ut meos quoque attingam,
aut qui libet qui puriter lavit dentes,
tamen renidere usque quaque te nollem;   15
nam risu inepto res ineptior nulla est.
nunc Celtiber es: Celtiberia in terra,
quod quisque minxit, hoc sibi solet mane
dentem atque russam defricare gingivam,
ut quo iste vester expolitior dens est,   20
hoc te amplius bibisse praedicet loti.

40

Quaenam te mala mens, miselle Ravide,
agit praecipitem in meos iambos?
quis deus tibi non bene advocatus
vecordem parat excitare rixam?
an ut pervenias in ora vulgi?   5
quid vis? qua libet esse notus optas?
eris, quandoquidem meos amores
cum longa voluisti amare poena.

41

Ameana puella defututa
tota milia me decem poposcit,
ista turpiculo puella naso,
decoctoris amica Formiani.
propinqui, quibus est puella curae,   5
amicos medicosque convocate:
non est sana puella, nec rogare
qualis sit solet: est imaginosa.

42

Adeste, hendecasyllabi, quot estis
omnes undique, quotquot estis omnes.

Ein schäb'ger Umbrer, wohlbeleibter Etrusker,
Ein Lanuviner, schwarz, mit blanken Zahnreihen,
Ein Transpadaner (daß auch meine Landsleute
Nicht fehlen), kurz, was löblich seinen Mund säubert,
Ich wünschte doch nicht, daß du immerfort lachtest,
Weil nichts so dumm ist, als so dumm um nichts lachen.
Nun bist du Celtiberer; dort zu Land aber
Ist's Brauch, was einer ausgepißt, damit putzt er
Sich früh die Zähne und das Zahnfleisch hübsch sauber.
Nun siehst du: je polierter dein Gebiß blinkert,
Je besser zeigt es, daß du brav Urin schlucktest.

DROHUNG GEGEN EINEN NEBENBUHLER

Armer Ravidus, welch ein böser Einfall
Treibt dich jählings hinein in meine Jamben?
Welche zürnende Gottheit, die du anriefst,
Heißt wahnsinnigen Streit dich hier beginnen?
Willst durchaus in der Leute Mäuler kommen?
Einen Namen um jeden Preis begehrst du?
Sollst ihn haben, dieweil du in mein Liebchen
— Dir zur dauernden Strafe — dich verliebt hast.

ZORNESAUSBRUCH

Ameana, die ausgediente Dirne,
Will zehntausend Sesterze von mir haben?
Jenes Ding mit der ungeschickten Nase,
Jene Liebste des Formianer Prassers?
Ach, ihr werten Verwandten dieser Jungfrau,
Ruft die Freunde zusammen, ruft die Ärzte:
Sie ist übergeschnappt, und ganz verkennt sie
Ihre Stellung: sie hat den Größenwahnsinn!

DIRNENFRECHHEIT

Helft mir, zürnende Verse, helft mir alle,
Alle kommt und von allen Seiten alle,

iocum me putat esse moecha turpis
et negat mihi vestra reddituram
pugillaria, si pati potestis.   5
persequamur eam, et reflagitemus.
quae sit quaeritis? illa quam videtis
turpe incedere, mimice ac moleste
ridentem catuli ore Gallicani.
circumsistite eam, et reflagitate: 10
'moecha putida, redde codicillos,
redde, putida moecha, codicillos.'
non assis facis? o lutum, lupanar,
aut si perditius potes quid esse!
sed non est tamen hoc satis putandum.   15
quod si non aliud potest, ruborem
ferreo canis exprimamus ore.
conclamate iterum altiore voce
'moecha putida, redde codicillos,
redde, putida moecha, codicillos.'   20
sed nil proficimus, nihil movetur.
mutanda est ratio modusque nobis,
si quid proficere amplius potestis,
'pudica et proba, redde codicillos.'

43

Salve, nec minimo puella naso
nec bello pede nec nigris ocellis
nec longis digitis nec ore sicco
nec sane nimis elegante lingua,
decoctoris amica Formiani.   5
ten provincia narrat esse bellam?
tecum Lesbia nostra comparatur?
o saeclum insapiens et infacetum!

44

O funde noster seu Sabine seu Tiburs
(nam te esse Tiburtem autumant, quibus non est

Weil zum Narren mich hält die garstge Dirne,
Weil sie schnöde sich weigert, euer Büchlein,
Das entwendete, mir zurückzugeben!
Auf, verfolgt sie mit mir und heischt es wieder!
Fragt ihr, welche sie sei — seht, dort stolziert sie,
Aufgedonnert als Erzkomödiantin,
Dreht sich, wedelt und grinst wie 'n kleiner Schoßhund!
Stellt euch um sie herum und heischt und heischet:
„Dirne, häßliche, gib zurück das Büchlein,
Hergib, häßliche Dirne, unser Büchlein!" —
Nicht 'nen Pfifferling willst du's achten, sagst du?
Unflat scheußlicher, Ausbund alles Schlechten,
Keine Worte genügen, dich zu zeichnen! —
Ist's unmöglich denn ganz, ein leises Schamrot
Deiner eisernen Stirn hervorzulocken? —
Wieder schreiet im Chor mit hellrer Stimme:
„Dirne, häßliche, gib zurück das Büchlein,
Hergib, häßliche Dirne, unser Büchlein!" —
Aber ach, wir erreichen nichts: sie weicht nicht.
Ändern müssen wir da die Tonart schleunig!
Wollt ihr kommen zum Ziel, so flötet schmeichelnd:
„Unschuld, Engel, o gib zurück das Büchlein!"

GESCHMACKSVERIRRUNG

Grüß' dich, Mädchen mit nicht geringer Nase,
Schwarzen Augen und feinen Füßchen auch nicht,
Auch nicht länglicher Hand und trocknem Mund nicht,
Und von zierlicher Rede ganz und gar nicht,
Auserwählte des Formianer Prassers.
Dich, dich rühmt die Provinz als eine Schönheit?
Meine Lesbia wird mit dir verglichen?
Welt, o wie du verdummt und abgeschmackt bist!

AN SEIN LANDGUT

Mein Gütchen, sei sabinisch oder tiburtisch,
(Denn alle rechnen dich zu Tibur, die ungern

cordi Catullum laedere: at quibus cordi est,
quovis Sabinum pignore esse contendunt),
sed seu Sabine sive verius Tiburs,   5
fui libenter in tua suburbana
villa malamque pectore expuli tussim,
non immerenti quam mihi meus venter,
dum sumptuosas appeto, dedit, cenas.
nam, Sestianus dum volo esse conviva,   10
orationem in Antium petitorem
plenam veneni et pestilentiae legi.
hic me gravido frigida et frequens tussis
quassavit usque dum in tuum sinum fugi
et me recuravi otioque et urtica.   15
quare refectus maximas tibi grates
ago, meum quod non es ulta peccatum.
nec deprecor iam, si nefaria scripta
Sesti recepso, quin gravedinem et tussim
non mi, sed ipsi Sestio ferat frigus,   20
qui tunc vocat me cum malum librum legi.

45

Acmen Septimius suos amores
tenens in gremio 'Mea' inquit, 'Acme,
ni te perdite amo atque amare porro
omnes sum assidue paratus annos
quantum qui pote plurimum perire,   5
solus in Libya Indiaque tosta
caesio veniam obvius leoni.'
hoc ut dixit, Amor, sinistra ut ante,
dextra sternuit approbationem.

at Acme leviter caput reflectens   10
et dulcis pueri ebrios ocellos
illo purpureo ore saviata
'sic' inquit, 'mea vita, Septimille,

Catullus ärgern; aber wer ihn gern ärgert,
Der schwört darauf, Sabiner Grundgebiet seist du);
Sei denn sabinisch, oder lieber tiburtisch,
Gar wohl bekommen ist mir deine Landwohnung,
Wo meine Brust den bösen Husten los wurde,
Mit dem der Gaumen, wie ich's wohl verdient, weil ich
Nach fettem Schmause lüstern war, mich heimsuchte.
Denn da ich Sestius' Tischgenosse sein wollte,
Mußt' ich die Rede wider seinen Ankläger,
Den Antius, lesen, die von Gall' und Gift schwanger;
Da überkam mich Schüttelfrost und Keuchhusten
So heftig, daß ich nur in deinen Schoß fliehend
Mich heilen konnte mit Geduld und Brennesseln.
Und so genesen, sag' ich deiner Treu' jetzo
Aufricht'gen Dank, weil du die Sünde nicht nachtrugst,
Und bin's zufrieden, sollt' ich Sestius' Schandschriften
Je wieder ansehn, daß der Frost davon Husten
Und Schnupfen — m i r nicht, doch dem Autor selbst bringe,
Der mich nur einlädt, wenn ich seinen Schund lese.

LIEBESDUETT

Auf dem Schoß die geliebte Akme haltend
Sprach Septimius: „Akme, meine Süße,
Wenn ich über die Maßen dich nicht liebe
Und dich immer und ewig lieben werde,
Wie nur je sich ein Mensch zu Tode liebte,
Mag in Libyen, mag im heißen Indien
Einsam mir der ergrimmte Leu begegnen.“
    Und kaum hat er's gesagt, da nieste Beifall
    Ihm der schelmische Amor links und rechts zu.

Aber Akme, das Köpfchen leise neigend
Und des herzigen Knaben wonnetrunkne
Augen küssend mit ihren Purpurlippen:
„Holder,“ sagte sie, „so, mein Leben, laß uns

huic uni domino usque serviamus,
ut multo mihi maior acriorque   15
ignis mollibus ardet in medullis.'
hoc ut dixit, Amor, sinistra ut ante,
dextra sternuit approbationem.

nunc ab auspicio bono profecti
mutuis animis amant amantur.   20
unam Septimius misellus Acmen
mavult quam Syrias Britanniasque:
uno in Septimio fidelis Acme
facit delicias libidinesque.
quis ullos homines beatiores   25
vidit, quis Venerem auspicatiorem?

46

Iam ver egelidos refert tepores,
iam caeli furor aequinoctialis
iucundis Zephyri silescit auris.
linquantur Phrygii, Catulle, campi
Nicaeaeque ager uber aestuosae: 5
ad claras Asiae volemus urbes.
iam mens praetrepidans avet vagari,
iam laeti studio pedes vigescunt.
o dulces comitum valete coetus,
longe quos simul a domo profectos   10
diversae variae viae reportant.

47

Porci et Socration, duae sinistrae
Pisonis, scabies famesque mundi,
vos Veraniolo meo et Fabullo
verpus praeposuit Priapus ille?
vos convivia lauta sumptuose   5
de die facitis? mei sodales
quaerunt in trivio vocationes?

Diesem Gotte allein beständig dienen,
Wie viel höher und heißer m i r , ich fühl' es,
Ach! im innersten Mark die Flamme lodert."
    Und kaum hat sie's gesagt, da nieste Beifall
    Ihr der schelmische Amor links und rechts zu.

So vom günstigen Götterwink ermutigt
Tauschen beide von Herzen Lieb' um Liebe.
Ja, Septimius gäbe seine Akme
Nicht um Syrien hin und um Britannien,
Ihr Septimius ist der treuen Akme
Aller Wonnen und Wünsche Ziel und Abgott.
Hat man reichere Menschen je gesehen,
Je so wunderbeglückte Liebesleute?

FRÜHLING IN DER FREMDE

Linde Lüfte, der Frühling bringt euch wieder!
Ausgetobet die letzten Winterstürme,
Duftig wehet und kost es allenthalben!
Da hält's länger dich nicht in Phrygermarken;
Aus des schwülen Nicäas Weichbild eilst du
Nach Kleinasiens Städtekranz, Catullus.
Mächtig treibt es den Sinn in blaue Ferne,
Wandern wollen die Füße, fröhlich wandern!
Und im traulichen Kreis, lebt wohl, ihr Freunde,
Die, zusammen gereist aus weiter Heimat,
Nun zurück auf getrennten Wegen ziehen!

AN ZWEI SCHMAROTZER

Also Porcius und Socration, Pisos
Diebeshände, der Menschheit Schmutz und Hunger,
Euch hat meinem Veranius und Fabullus
Jener freche Priapus vorgezogen?
Ihr verbringet den Tag in schwelgerischen
Gastgelagen, und meine Freunde sollen
Um Einladungen auf der Gasse betteln?

4

48

Mellitos oculos tuos, Iuventi,
si quis me sinat usque basiare,
usque ad milia basiem trecenta,
nec umquam videar satur futurus,
non si densior aridis aristis   5
sit nostrae seges osculationis.

49

Disertissime Romuli nepotum,
quot sunt quotque fuere, Marce Tulli,
quotque post aliis erunt in annis,
gratias tibi maximas Catullus
agit, pessimus omnium poeta,   5
tanto pessimus omnium poeta
quanto tu optimus omnium patronus.

50

Hesterno, Licini, die otiosi
multum lusimus in meis tabellis,
ut convenerat esse delicatos.
scribens versiculos uterque nostrum
ludebat numero modo hoc modo illoc,   5
reddens mutua per iocum atque vinum.
atque illinc abii tuo lepore
incensus, Licini, facetiisque,
ut nec me miserum cibus iuvaret,
nec somnus tegeret quiete ocellos,   10
sed toto indomitus furore lecto
versarer cupiens videre lucem,
ut tecum loquerer simulque ut essem.
at defessa labore membra postquam
semimortua lectulo iacebant,   15
hoc, iucunde, tibi poema feci,
ex quo perspiceres meum dolorem.

SCHWÄRMEREI

Wenn, Juventius, deine süßen Äuglein
Ich so oft, wie ich wollte, küssen dürfte,
Hunderttausendmal würd' ich sie wohl küssen,
Und nie würde das Herz gesättigt werden,
Wenn noch dichter der Küsse Saat auch stünde
Als der goldene Weizen auf dem Felde.

AN DEN GROSSEN REDNER

Redemächtigster aller Remusenkel,
Marcus Tullius, die da sind und waren
Und in künftigen Tagen kommen werden,
Seinen schuldigen Dank entrichtet bestens
Dir Catull, der Poeten allerkleinster,
Unter allen Poeten so der kleinste,
Wie der größte du aller Rechtsvertreter!

POETISCHES TAUSCHGESCHÄFT

Gestern scherzten wir, uns die Zeit vertreibend,
Viel und lange, Licin, auf meinen Täflein,
Wie wir's eben zum Spaß beschlossen hatten.
Verslein schrieben wir wechselnd um die Wette,
Bald in diesem und bald in jenem Maße,
Ein poetisches Tauschgeschäft beim Weine!
Darauf ging ich hinweg, entzückt von deinem
Witz, Licinius, deines Geistes Blitzen,
Daß kein Bissen dem Armen schmecken wollte
Noch mit Ruhe der Schlaf die Augen deckte,
Sondern daß ich mich wild im Bett herumwarf,
Kaum den Anbruch des Tags erwarten konnte,
Um aufs neue mit dir vereint zu plaudern.
Doch als endlich ermüdet und halbtot schon
Meine Glieder im Bette lagen, hab' ich
Dir, Geliebtester, dies Gedicht geschrieben,
Daß daraus du erkennest, was ich ausstand.

nunc audax cave sis, precesque nostras,
oramus, cave despuas, ocelle,
ne poenas Nemesis reposcat a te.   20
est vemens dea: laedere hanc caveto.

51

Ille mi par esse deo videtur,
ille, si fas est, superare divos,
qui sedens adversus identidem te
   spectat et audit
dulce ridentem, misero quod omnis   5
eripit sensus mihi: nam simul te,
Lesbia, adspexi, nihil est super mi
   vocis in ore;
lingua sed torpet, tenuis sub artus
flamma demanat, sonitu suopte   10
tintinant aures, gemina teguntur
   lumina nocte.
otium, Catulle, tibi molestum est:
otio exsultas nimiumque gestis.
otium et reges prius et beatas   15
   perdidit urbes.

52

Quid est, Catulle? quid moraris emori?
sella in curuli struma Nonius sedet,
per consulatum perierat Vatinius:
quid est, Catulle? quid moraris emori?

53

Risi nescio quem modo e corona,
qui, cum mirifice Vatiniana
meus crimina Calvus explicasset,
admirans ait haec manusque tollens:
'di magni, salaputium disertum!'   5

Und nun hüte dich, Herzensfreund, vor Leichtsinn!
Schlage schnöde nicht ab des Freundes Bitte,
Daß nicht Nemesis dich zur Strafe ziehe!
's ist 'ne heftige Göttin; nimm in acht dich!

LESBIA

Selig wie ein himmlischer Gott erscheint mir,
Wär's erlaubt, noch über den Göttern selig,
Wer vor dir hinsitzend dich immer, immer
    Schauet und anhört,
Wie so süß du lachst, was um alle Sinne
Jählings bringt mich Armen; ja, wenn ein Blick nur
Dir begegnet, Lesbia, stockt der Atem
    Tief in der Brust mir;
Und die Zung' erlahmt, mein Gebein durchrieselt
Abwärts flücht'ges Feuer, vom eignen Klange
Gellt der Ohren Paar, und es deckt die Augen
    Nächtiges Dunkel.
Still, Catullus! Muße bekommt dir übel,
Muße macht dich üppig und gar begehrlich.
Muße war's, die Kön'ge zu Boden stürzt' und
    Blühende Städte.

SCHLIMME ZEITEN

Was säumst du noch, Catullus? Warum stirbst du nicht?
Im Prätorstuhle sitzt der Kielkropf Nonius,
Meineide schwört beim Konsulat Vatinius:
Was säumst du noch, Catullus? Warum stirbst du nicht?

ANEKDOTE

Lachen machte mich einer auf dem Forum,
Der, als meisterlich eben unser Calvus
Dargetan des Vatinius Schurkereien,
Ganz erstaunt mit erhobnen Händen ausrief:
„Ihr Unsterblichen! hat der Knirps ein Maulwerk!"

54

Othonis caput oppido est pusillum,
Heri rustica semilauta crura,
subtile et leve peditum Libonis,
si non omnia, displicere vellem
tibi et Fuficio, seni recocto. —   5
irascere iterum meis iambis
immerentibus, unice imperator.

55

Oramus, si forte non molestum est,
demonstres ubi sint tuae tenebrae.
te campo quaesivimus minore,
te in circo, te in omnibus libellis,
te in templo summi Iovis sacrato.   5
in Magni simul ambulatione
femellas omnes, amice, prendi,
quas vultu vidi tamen serenas:
te avulsum sic ipse flagitabam:
'Camerium mihi, pessimae puellae!'   10
quaedam inquit nudum sinum recludens:
'en hic in roseis latet papillis.'
sed te iam ferre Herculi labos est:
tanto ten fastu negas, amice?
dic nobis ubi sis futurus, ede   15
audacter, committe, crede luci.
num te lacteolae tenent puellae?
si linguam clauso tenes in ore,
fructus proicies amoris omnes:
verbosa gaudet Venus loquella.   20
vel si vis, licet obseres palatum,
dum vestri sim particeps amoris.
non custos si fingar ille Cretum,
non Ladas ego pinnipesve Perseus,
non si Pegaseo ferar volatu,   25

CÄSARS FREUNDESKREIS

Othos winziges Spatzenköpfchen, dächt' ich,
Rüpel Herius' halbgewaschne Beine
Samt den schleichenden feinen Winden Libos,
Wenn nichts Sonstiges, sollten unbequem dir
Und Fuficius sein, dem alten Stutzer.
Wirst dich wieder an meinen Jamben ärgern:
Haben d i e s e die Schuld, erlauchter Kriegsherr?

DER VERSCHÄMTE LIEBHABER

Freund, ich bitte dich, wenn's nicht ungelegen,
Sag', welch Schlupfloch dich vor mir versteckt hat.
Hab' gesucht dich auf dem Tiberfelde,
. Dich im Circus, in allen Bücherläden,
Dich in Jupiters heil'ger Tempelhalle;
Auf des großen Pompejus Promenade
Alle Weiblein hab' ich angehalten,
Die nur halbwegs appetitlich aussahn.
„Ihr da" (scharf anfahrend inquiriert' ich),
„Gebt Camerius her, ihr Wetterdirnen!"
Eine lüftet den Busen auf und sagt mir:
„Schau, hier zwischen den Rosenknöspchen sitzt er."
Wahrlich, eine Herkulesarbeit ist es:
Vornehm-kalt entziehst du dich so dem Freunde?
Sprich, wo bist du zu finden? gib es von dir,
Bring's zu Tage, frischweg herausgebeichtet!
Hat dich wirklich ein schönes Kind gefangen?
Wenn dein Zünglein gar zu streng du hütest,
Alle Früchte der Liebe gehn verloren:
Am wortseligen Plaudern freut sich Venus.
Doch versiegle für wen du willst die Lippen,
Bin nur ich der Vertraute deiner Liebe. —
Nein, und würd' ich zu jenem Cretawächter,
Würd' ein Ladas, ein flügelfüß'ger Perseus,
Wenn selbst Pegasus' hoher Schwung mich trüge,

non Rhesi niveae citaeque bigae:
adde huc plumipedes volatilesque,
ventorumque simul require cursum,
quos vinctos, Cameri, mihi dicares:
defessus tamen omnibus medullis   30
et multis languoribus peresus
essem te mihi, amice, quaeritando.

56

O rem ridiculam, Cato, et iocosam
dignamque auribus et tuo cachinno.
ride, quidquid amas, Cato, Catullum:
res est ridicula et nimis iocosa.
deprendi modo pupulum puellae   5
trusantem: hunc ego, si placet Dionae,
pro telo rigida mea cecidi.

57

Pulchre convenit improbis cinaedis,
Mamurrae pathicoque Caesarique.
nec mirum: maculae pares utrisque,
urbana altera et illa Formiana,
impressae resident nec eluentur: 5
morbosi pariter gemelli utrique,
uno in lecticulo erudituli ambo,
non hic quam ille magis vorax adulter,
rivales socii et puellularum:
pulchre convenit improbis cinaedis.   10

58

Caeli, Lesbia nostra, Lesbia illa,
illa Lesbia, quam Catullus unam
plus quam se atque suos amavit omnes,
nunc in quadriviis et angiportis
glubit magnanimi Remi nepotes.   5

Samt dem schneeigen Rennerpaar des Rhesus;
Nimm auch alles Gefieder und Gefittich
Und zu allem verleih' der raschen Winde
Lauf, Camerius, meiner Fährte dienstbar:
Dennoch bis ins innerste Mark getroffen
Wär' ich tief erschöpft und wie zerschlagen
Von der schrecklichen Qual des langen Suchens.

ERTAPPT

O ein köstlicher Scherz, mein Cato, spaßig,
Würdig deines Gelächters, deiner Ohren.
Lache, wenn du mich liebst, mein Cato, lache,
O ein köstlicher Scherz und wirklich spaßig.
Eben durft' ich ein Bürschlein überraschen,
Das bei meiner Geliebten lag. Den hab' ich
Niedergeschlagen mit meiner harten Rute.

CÄSAR UND MAMURRA

Wunderbarliche Sympathie der Hurer
Bei Mamurra dem Weiberling und Cäsar.
Zwar kein Wunder: sie tragen gleiche Makel,
Römisch dieser, der andere formianisch,
Festanhaftende, nie hinwegzuwaschen.
Gleiche Brüderchen, gleicherlei Gebrechen,
An ein Bettchen gewöhnt, gelehrte Schmecker,
Der nicht minder als jener frauenhungrig,
Nebenbuhlende Weiberkommunisten.
Wunderbarliche Sympathie der Hurer!

RESIGNATION

Meine Lesbia, Caelius, eben jene,
Jene Lesbia, die allein Catullus
Mehr als sich und die Seinen all geliebt hat,
Auf Kreuzwegen, in schmutzigen Seitengäßchen
Rupft sie jetzt des erlauchten Remus Enkel!

59

Bononiensis Rufa Rufulum fellat,
uxor Meneni, saepe quam in sepulcretis
vidistis ipso rapere de rogo cenam,
cum devolutum ex igne prosequens panem
ab semiraso tunderetur ustore.   5

60

Num te leaena montibus Libystinis
aut Scylla latrans infima inguinum parte
tam mente dura procreavit ac taetra,
ut supplicis vocem in novissimo casu
contemptam haberes, ah nimis fero corde?   5

61

Collis o Heliconii
cultor, Uraniae genus,
qui rapis teneram ad virum
virginem, o Hymenaee Hymen,
o Hymen Hymenaee,   5

cinge tempora floribus
suave olentis amaraci,
flammeum cape, laetus huc,
huc veni niveo gerens
luteum pede soccum,   10

excitusque hilari die
nuptialia concinens
voce carmina tinnula
pelle humum pedibus, manu
pineam quate taedam.   15

namque Vinia Manlio,
qualis Idalium colens
venit ad Phrygium Venus

PASQUILL

Bologna's Rufa treibt mit Rufulus Unzucht,
Menenius' Gattin, die ihr auf dem Grabanger
Von jedem Scheiterhaufen saht ein Mahl stehlen,
Wo sie dem Brot, das aus der Flamme rollt, nachlief
Und dann dem struppigen Leichenbrenner schwer büßte.

AN EINEN UNMENSCHEN

Hat eine Löwin dich in Libyens Bergschluchten,
Hat, die mit Hunden aus dem Schoße heult, Scylla
So harten Sinns geboren dich, so ganz fühllos,
Daß du dem Hilferuf in tiefster Not konntest
Mit schnödem Hohn begegnen? Pfui dem Unmenschen!

BRAUTLIED

für Manlius Torquatus und Vinia Aurunculeia.

Der auf Helikons Hügel wohnt,
Sohn der Muse Urania,
Der zum Manne die Jungfrau zart
Hinreißt, mächtiger Hochzeitsgott,
    Hymen, o Hymenäus!

Mit des duftenden Majorans
Blüten kränze die Schläfe dir,
Nimm den Schleier und fröhlich komm',
Komm' daher mit dem weißen Fuß
    Auf goldfarbenen Sohlen,

Und vom freudigen Tag erregt
Laß mit klingender Stimme uns
Tönen festlichen Brautgesang,
Hurtig mit uns im Tanze spring',
    Schwing' die Pinienfackel!

Denn zu Manlius ziehet ein,
Wie Idaliums Göttin einst
Vor den phrygischen Hirten trat,

iudicem, bona cum bona
nubet alite virgo,   20

floridis velut enitens
myrtus Asia ramulis,
quos hamadryades deae
ludicrum sibi rosido
nutriunt humore.   25

quare age huc aditum ferens
perge linquere Thespiae
rupis Aonios specus,
nympha quos super irrigat
frigerans Aganippe,   30

ac domum dominam voca
coniugis cupidam novi,
mentem amore revinciens
ut tenax hedera huc et huc
arborem implicat errans.   35

vosque item simul, integrae
virgines, quibus advenit
par dies, agite in modum
dicite 'O Hymenaee Hymen,
o Hymen Hymenaee,'   40

ut libentius, audiens
se citarier ad suum
munus, huc aditum ferat
dux bonae Veneris, boni
coniugator amoris.   45

quis deus magis est ama-
tis petendus amantibus?
quem colent homines magis
caelitum? o Hymenaee Hymen,
o Hymen Hymenaee.   50

Seine Vinia, gutes Glück
   Im Geleite der Guten.

Ja, sie strahlet wie Asiens
Blütenprangender Myrtenstrauch,
Den der Hamadryaden Schar
Sich mit perlendem Morgentau
   Aufgezogen zum Spiele.

Darum komme zu uns und laß
Dein aonisches Thespiae,
Laß den Fels und die Grotten dort,
Die mit'rieselnder Quelle kühlt
   Aganippe die Nymphe,

Führ' dem Hause die Herrin zu,
Die des jungen Gemahls begehrt,
Bind' in Liebe das junge Herz
Fest und treu, wie der Efeu sich
   Rankend schlingt um die Eiche.

Ihr auch, züchtige Mädchen, die
Bald erwartet ein gleicher Tag,
Stimmt in unsere Weisen ein,
Singt: O mächtiger Hochzeitsgott,
   Hymen, o Hymenäus,

Daß er williger, hört er sich
Zu des göttlichen Amtes Dienst
Rufen, unserem Kreise naht,
Knüpfend seligster Liebe Bund
   Als der Führer des Festes.

Welchem Gotte gebührt wie dir
Treuer Liebenden Huldigung?
Welchen Himmlischen ehren sie
Höher? Mächtiger Hochzeitsgott,
   Hymen, o Hymenäus

te suis tremulus parens
invocat, tibi virgines
zonula soluunt sinus,
te timens cupida novus
captat aure maritus.   55

tu fero iuveni in manus
floridam ipse puellulam
dedis a gremio suae
matris, o Hymenaee Hymen,
o Hymen Hymenaee.   60

nil potest sine te Venus
fama quod bona comprobet
commodi capere: at potest
te volente. quis huic deo
compararier ausit?   65

nulla quit sine te domus
liberos dare, nec parens
stirpe nitier: at potest
te volente. quis huic deo
compararier ausit?   70

quae tuis careat sacris
non queat dare praesides
terra finibus: at queat
te volente. quis huic deo
compararier ausit?   75

claustra pandite ianuae,
virgo ades. viden ut faces
splendidas quatiunt comas?
tardet ingenuus pudor:
flet quod ire necesse est.   80

flere desine. non tibi, Au-
runculeia, periculum est,

Für die Seinigen zitternd ruft
Dich der Vater; es lösen dir
Ihren Gürtel die Mägdelein,
Nach dir drängend gespannten Ohrs
    Lauscht der sehnende Gatte.

Von dem Schoße der Mutter führst
Du das blühende Mägdlein weg
In die Arme des stürmischen
Jünglings, mächtiger Hochzeitsgott,
    Hymen, o Hymenäus.

Nichts kann ohne dich Venus selbst
Ernten, was mit dem guten Ruf
Sich vertrüge; doch kann sie es,
Wenn du willst: wer vermöchte sich
    Diesem Gott zu vergleichen?

Leer an Kindern ist ohne dich
Jedes Haus; um den Vater spielt
Nie ein Sproß; doch umspielt er ihn,
Wenn du willst: wer vermöchte sich
    Diesem Gott zu vergleichen?

Nie gewinnet ein Land, das nicht
Deinen heiligen Brauch verehrt,
Herrscher; doch es gewinnt sie leicht,
Wenn du willst: wer vermöchte sich
    Diesem Gott zu vergleichen?

Zieht vom Tore die Riegel weg:
Jungfrau, komm! Wie die Fackeln, sieh,
Freudig schütteln ihr Flammenhaar!
Schamhaft zögert die Edle noch:
    Ach, sie weint, da sie gehn muß.

Weine nimmer, du schöne Braut!
Denn für dich hat es keine Not,

ne qua femina pulchrior
clarum ab Oceano diem
viderit venientem. 85

talis in vario solet
divitis domini hortulo
stare flos hyacinthinus.
sed moraris, abit dies:
prodeas, nova nupta. 90

prodeas, nova nupta, si
iam videtur, et audias
nostra verba. vide ut faces
aureas quatiunt comas:
prodeas, nova nupta. 95

non tuus levis in mala
deditus vir adultera
probra turpia persequens
a tuis teneris volet
secubare papillis, 100

lenta quin velut adsitas
vitis implicat arbores,
implicabitur in tuum
complexum. sed abit dies:
prodeas, nova nupta*). 105

* *
*

quae tuo veniunt ero,
quanta gaudia, quae vaga
nocte, quae medio die
gaudeat! sed abit dies:
prodeas, nova nupta. 110

tollite, o pueri, faces:
flammeum video venire.

*) Nach Vers 105 ist eine Lücke im Text.

Daß ein schöneres Weib als du
Sah den leuchtenden Tag herauf
    Aus dem Ozean steigen.

Also hebt in des reichen Herrn
Blütenprangendem Gartenbeet
Eine Prachthyazinthe sich.
Doch du säumst: es vergeht der Tag,
    Tritt hervor, o Verlobte.

Tritt hervor, o Verlobte, wenn
Dir's gefällt, und vernimm den Ruf
Unsrer Stimmen. Die Fackel, sieh,
Schüttelt leuchtend ihr güldnes Haar;
    Tritt hervor, o Verlobte.

Nie auf schändlichen Pfaden wird
Gehn dein Mann zu gemeiner Lust,
Von der Buhlerin Reiz umstrickt,
Sondern treulich an deiner Brust
    Nur zu ruhen begehrt er.

Wie die schmiegsame Rebe sich
Enge schließt um den nahen Baum,
Also wird er um dich den Arm
Schlingen — doch es vergeht der Tag,
    Tritt hervor, o Verlobte.

Welche Freuden, o bräutlich Bett,
Warten deines Gebieters nun,
Die bei Nacht wie am lichten Tag
Ihm erblühn. Doch der Tag vergeht,
    Tritt hervor, o Verlobte.

Hebt, ihr Knaben, die Fackeln jetzt!
Seht, sie bringen den Schleier schon.

ite, concinite in modum
'io Hymen Hymenaee io,
io Hymen Hymenaee.'   115

ne diu taceat procax
fescennina iocatio,
nec nuces pueris neget
desertum domini audiens
concubinus amorem.   120

da nuces pueris, iners
concubine: satis diu
lusisti nucibus: libet
iam servire Talasio.
concubine, nuces da.   125

sordebant tibi vilicae,
concubine, hodie atque heri:
nunc tuum cinerarius
tondet os. miser ah miser
concubine, nuces da.   130

diceris male te a tuis
unguentate glabris marite
abstinere: sed abstine.
io Hymen Hymenaee io,
io Hymen Hymenaee.   135

scimus haec tibi quae licent
sola cognita: sed marito
ista non eadem licent.
io Hymen Hymenaee io,
io Hymen Hymenaee.   140

nupta, tu quoque quae tuus
vir petet cave ne neges,'
ne petitum aliunde eat.
io Hymen Hymenaee io,
io Hymen Hymenaee.   145

Auf denn! gehet und singt im Chor:
Hymen, o Hymenäus, o
    Hymen, o Hymenäus.

Nicht mehr schweige das kecke Wort
Übermütigen Spottgesangs,
Und den Knaben verweigre nicht,
Weil erloschen des Herren Glut,
    Nun die Nüsse der Buhle.

Gib die Nüsse den Knaben nun,
Fauler Buhle: du spieltest ja
Lang genug mit den Nüssen; jetzt
Gilt der Dienst dem Talasius.
    Darum her mit den Nüssen.

Du verachtetest, Buhle, noch
Heut' und gestern die Fraun des Dorfs;
Doch jetzt schert der Barbier dein Haar,
Sklave wirst du, Unseliger;
    Darum her mit den Nüssen.

Zwar man meint, daß der Ehemann
Salbenduftend der glatten Schar
Schwer entsagt: doch entsage nur!
Hymen, o Hymenäus, o
    Hymen, o Hymenäus.

Nur Erlaubtes, das wissen wir,
Triebst du; aber dem Ehemann
Ist dasselbe nicht mehr erlaubt.
Hymen, o Hymenäus, o
    Hymen, o Hymenäus.

Du auch, Bräutchen, versage nie,
Was dein Gatte von dir begehrt,
Sonst erwirbt er es — anderswo!
Hymen, o Hymenäus, o
    Hymen, o Hymenäus.

en tibi domus ut potens
et beata viri tui:
quae tibi sine serviat
(io Hymen Hymenaee io,
io Hymen Hymenaee) 150

usque dum tremulum movens
cana tempus anilitas
omnia omnibus adnuit.
io Hymen Hymenaee io,
io Hymen Hymenaee. 155

transfer omine cum bono
limen aureolos pedes,
rasilemque subi forem.
io Hymen Hymenaee io,
io Hymen Hymenaee. 160

adspice intus ut accubans
vir tuus Tyrio in toro
totus immineat tibi.
io Hymen Hymenaee io,
io Hymen Hymenaee. 165

illi non minus ac tibi
pectore uritur intimo
flamma, sed penite magis.
io Hymen Hymenaee io,
io Hymen Hymenaee. 170

mitte bracchiolum teres,
praetextate, puellulae:
iam cubile adeat viri.
io Hymen Hymenaee io,
io Hymen Hymenaee. 175

o bonae senibus viris
cognitae bene feminae,

Sieh, wie glücklich und groß das Haus
Deines Mannes, das deiner harrt:
Mög' es immer so bleiben dir —
(Hymen, o Hymenäus, o
  Hymen, o Hymenäus)

Bis das Alter dir einstens naht,
Das mit wackelndem grauen Haupt
Nickend alles bejahen läßt.
Hymen, o Hymenäus, o
  Hymen, o Hymenäus.

Glücklich über die Schwelle nun
Setz' die goldenen Füßchen rasch,
Tritt zur blinkenden Tür herein.
Hymen, o Hymenäus, o
  Hymen, o Hymenäus.

Sieh, auf tyrischem Polster drin
Ruht dein Gatte, nach dir allein
Voll Verlangen den Blick gewandt.
Hymen, o Hymenäus, o
  Hymen, o Hymenäus.

Ihm nicht weniger tief als dir
Brennt im Herzen die Liebesglut,
Aber heftiger brennt sie ihm.
Hymen, o Hymenäus, o
  Hymen, o Hymenäus.

Laß ihr rundliches Ärmchen los,
Edler Knabe, nun wird die Braut
Zu des Bräutigams Bett gebracht.
Hymen, o Hymenäus, o
  Hymen, o Hymenäus.

Ihr, der trefflichsten Greise Fraun,
Als die trefflichsten wohl erprobt,

collocate puellulam.
io Hymen Hymenaee io,
io Hymen Hymenaee.   180

iam licet venias, marite:
uxor in thalamo tibi est
ore floridulo nitens
alba parthenice velut
luteumve papaver.   185

at, marite, (ita me iuvent
caelites) nihilo minus
pulcher es, neque te Venus
neglegit. sed abit dies:
perge, ne remorare.   190

non diu remoratus es,
iam venis. bona te Venus
iuverit, quoniam palam
quod cupis cupis et bonum
non abscondis amorem.   195

ille pulveris Africi
siderumque micantium
subducat numerum prius,
qui vestri numerare vult
multa milia ludi.   200

ludite ut libet, et brevi
liberos date. non decet
tam vetus sine liberis
nomen esse, sed indidem
semper ingenerari.   205

Torquatus volo parvulus
matris e gremio suae
porrigens teneras manus
dulce rideat ad patrem
semihiante labello.   210

Legt das Mädchen ins Hochzeitsbett.
Hymen, o Hymenäus, o
  Hymen, o Hymenäus.

Darfst nun kommen, o Bräutigam;
Bräutchen liegt dir im Bette schon,
Draus das Blumengesichtchen schaut,
Wie der Lilie Schnee so weiß,
  Wie der rosige Mohn glüht.

Doch — so wahr mir die Himmlischen
Helfen mögen — nicht minder schön
Bist du, Gatte; der Venus Huld
Schmückt auch dich. Doch der Tag vergeht,
  Komm und zögre nicht länger!

Nein, du zögertest nicht; du kommst.
Mag die freundliche Venus dir
Beistehn, da du vor aller Welt
Was du wünschest dir nimmst, und nicht
  Edle Liebe verheimlichst.

Der mag Afrikas Wüstensand,
Der das schimmernde Sternenheer
Eher zählen, der eures Spiels
Tausendfältige Form und Art
  Nachzuzählen versuchte.

Nun so spielt, wie das Herz begehrt,
Schenkt euch Kinderchen bald! Es ziemt
Solchem alten Geschlechte nicht,
Ohne Kinder zu bleiben; neu
  Soll es stets sich verjüngen.

Mög' ein kleiner Torquatus bald
Von der liebenden Mutter Schoß
Nach dir strecken die zarte Hand,
Und halb öffnend den kleinen Mund
  Süß anlächeln den Vater.

sit suo similis patri
Manlio et facile omnibus
noscitetur ab insciis
et pudicitiam suae
matris indicet ore.   215

talis illius a bona
matre laus genus approbet
qualis unica ab optima
matre Telemacho manet
fama Penelopeo.   220

claudite ostia, virgines:
lusimus satis. at, boni
coniuges, bene vivite et
munere assiduo valentem
exercete iuventam.   225

62

Vesper adest: iuvenes, consurgite: Vesper Olympo
exspectata diu vix tandem lumina tollit.
surgere iam tempus, iam pinguis linquere mensas;
iam veniet virgo, iam dicetur hymenaeus.
Hymen o Hymenaee, Hymen ades o Hymenaee.   5

cernitis, innuptae, iuvenes? consurgite contra:

nimirum Oetaeos ostendit Noctifer ignes.

sic certe est: viden ut perniciter exsiluere?

non temere exsiluere; canent quod visere par est.

Hymen o Hymenaee, Hymen ades o Hymenaee.   10

Mög' er werden das Ebenbild
Seines Vaters und ungenannt
Jedem leicht zu erkennen sein,
Daß des Mütterchens Sittsamkeit
Schon bekunde sein Antlitz.

Muttertugenden sollen so
Seinem Namen stets Ruhm verleihn,
Wie Penelopes Telemach
Ob der trefflichen Mutter noch
Jetzt mit Ehren genannt wird.

Mädchen, schließet die Tür. Genug
Sei's des fröhlichen Spiels. Doch ihr,
Brave Gatten, gehabt euch wohl,
Lebt und liebt und genießt vollauf
Eure blühende Jugend!

HOCHZEITSGESANG
(in Wechselchören).

Die Jünglinge:
Da! der Abendstern naht! Auf, Brüder, erhebt euch! Hell-
strahlend
Steigt der Abendstern endlich, der langersehnte, zur Höhe.
Nun ist's Zeit, die Polster, das leckere Mahl zu verlassen:
Nun wird kommen die Braut, nun soll ertönen das Festlied.
Hymen, o Hymenäus, komm, Hymen, o Hymenäus!

Die Jungfrauen:
Seht ihr die Jünglinge, Mädchen? Wohlauf, erhebt euch
mit ihnen!
Sicher blinkt der Stern der Nacht jetzt freundlich her-
nieder.
Ja, so ist's; seht nur, aufsprangen sie eben behende!
Sprangen geflissentlich auf. — Sie werden Gesang uns ent-
bieten.
Hymen, o Hymenäus, komm, Hymen, o Hymenäus!

non facilis nobis, aequales, palma parata est:
adspicite, innuptae secum ut meditata requirunt.
non frustra meditantur; habent memorabile quod sit.
nec mirum, penitus quae tota mente laborant.
nos alio mentes, alio divisimus aures: 15
iure igitur vincemur; amat victoria curam.
quare nunc animos saltem convertite vestros:
dicere iam incipient, iam respondere decebit.
Hymen o Hymenaee, Hymen ades o Hymenaee.

Hespere, qui caelo fertur crudelior ignis?   20
qui natam possis complexu avellere matris,
complexu matris retinentem avellere natam
et iuveni ardenti castam donare puellam.
quid faciunt hostes capta crudelius urbe?
Hymen o Hymenaee, Hymen ades o Hymenaee.   25

Hespere, qui caelo lucet iucundior ignis?
qui desponsa tua firmes conubia flamma,
quae pepigere viri, pepigerunt ante parentes,
nec iunxere prius quam se tuus extulit ardor.
quid datur a divis felici optatius hora?   30
Hymen o Hymenaee, Hymen ades o Hymenaee.

Hesperus e nobis, aequales, abstulit unam
                    *   *   *

Die Jünglinge:
Nicht ein leichter Sieg ist, Brüder, uns heute bereitet;
Seht doch, wie eine die andere fragt, was jede ersonnen! —
Nicht vergebens prüfen sie nun. Ihr Gesang ist des Preises
Wert; kein Wunder, mühn sie sich doch mit innerster Seele.
Wir, die hierhin und dorthin Gedanken und Sinne zer-
        streuten,
Werden erliegen mit Recht: der Sieg liebt sorgende Mühe.
Drum jetzt wenigstens noch schließt eure Gedanken
        zusammen!
Sie beginnen sogleich; nun gilt's, den Gesang zu erwidern.
 Hymen, o Hymenäus, komm, Hymen, o Hymenäus!

Die Jungfrauen:
Hesperus, wo ist ein Stern, der grausamer wandelt am
        Himmel?
Mitleidlos entreißt du die Tochter den Armen der Mutter,
Ja, den Armen der Mutter die widerstrebende Tochter,
Gibst die Keusche zu eigen dem liebeglühenden Jüngling.
Übt Grausameres je der Feind in eroberter Feste?
 Hymen, o Hymenäus, komm, Hymen, o Hymenäus!

Die Jünglinge:
Hesperus, wo ist ein Stern, der wonniger leuchtet am
        Himmel?
Flammend besiegelst du erst das gelobte Bündnis der Ehe,
Das geplant von den Männern zuvor, geplant von den
        Eltern,
Doch geschlossen nicht ward, bevor dein Schimmer
        emporstieg.
Spenden Ersehnteres je die Götter in glücklicher Stunde?
 Hymen, o Hymenäus, komm, Hymen, o Hymenäus!

Die Jungfrauen:
Hesperus, Schwestern, hat eine geraubt aus unserer Mitte*).
     *   *
       *

---

*) Lücke im Text

namque tuo adventu vigilat custodia semper.

nocte latent fures, quos idem saepe revertens,

Hespere, mutato comprendis nomine eosdem.   35

at libet innuptis ficto te carpere questu.

quid tum, si carpunt tacita quem mente requirunt?

Hymen o Hymenaee, Hymen ades o Hymenaee.

ut flos in saeptis secretus nascitur hortis,

ignotus pecori, nullo convulsus aratro,   40

quem mulcent aurae, firmat sol, educat imber,

multi illum pueri, multae optavere puellae;

idem cum tenui carptus defloruit ungui,

nulli illum pueri, nullae optavere puellae:

sic virgo, dum intacta manet, dum cara suis est;   45

cum castum amisit polluto corpore florem,

nec pueris iucunda manet nec cara puellis.

Hymen o Hymenaee, Hymen ades o Hymenaee.

ut vidua in nudo vitis quae nascitur arvo

numquam se extollit, numquam mitem educat uvam,50

sed tenerum prono deflectens pondere corpus

Die Jünglinge:
Wachen bei deinem Erscheinen doch stets die nächtlichen
Hüter.
Wohl verbirgt die Diebe die Nacht, du aber ertappst sie,
Hesperus, oft, wenn wieder du kehrst mit verändertem
Namen.
Freilich, den Mädchen beliebt's, dich zu schmähn mit
erheuchelter Klage.
Wie nun, wenn sie gar schmähn, den heimlich ihr Herz sich
ersehnet?
Hymen, o Hymenäus, komm, Hymen, o Hymenäus!

Die Jungfrauen:
Wie im umfriedeten Garten die Blum' im verborgenen auf-
wächst,
Fremd der Herde genäschigem Zahn, nicht verletzt von
der Pflugschar;
Weich umspielt sie die Luft, Licht kräftigt sie, Regen er-
nährt sie,
Mancher Knabe sodann, manch Mägdlein begehrt sie zu
pflücken;
Wenn sie jedoch, gebrochen vom zarten Finger, dahinwelkt,
Keiner der Knaben begehrt sie dann mehr und keines der
Mägdlein:
So ist, noch unberührt, den Gespielen teuer die Jungfrau;
Doch ist entweiht ihr Leib, verloren die Blüte der Keusch-
heit,
Bleibt nicht länger sie lieb den Knaben noch teuer den
Mägdlein.
Hymen, o Hymenäus, komm, Hymen, o Hymenäus!

Die Jünglinge:
Wie die ledige Rebe, die aufwächst auf kahlem Gefilde,
Nie vom Boden sich hebt, nie prangt in der Fülle der Trauben,
Sondern den kraftlosen Stamm mit senkender Schwere zur
Erde

iam iam contingit summum radice flagellum,

hanc nulli agricolae, nulli accoluere iuvenci;

at si forte eadem est ulmo coniuncta marito,

multi illam agricolae, multi accoluere iuvenci: 55

sic virgo, dum intacta manet, dum inculta senescit;

cum par conubium maturo tempore adepta est,

cara viro magis et minus est invisa parenti.

at tu ne pugna cum tali coniuge, virgo.

non aequum est pugnare, pater cui tradidit ipse,   60

ipse pater cum matre, quibus parere necesse est.

virginitas non tota tua est, ex parte parentum est:

tertia pars patri, pars est data tertia matri,

tertia sola tua est, noli pugnare duobus,

qui genero sua iura simul cum dote dederunt.   65

Hymen o Hymenaee, Hymen ades o Hymenaee.

63

Super alta vectus Attis celeri rate maria

Phrygium ut nemus citato cupide pede tetigit

adiitque opaca silvis redimita loca deae,

stimulatus ibi furenti rabie, vagus animis

Neigend nun die Wurzel berührt mit den Spitzen der
      Ranken;
Keiner der Burschen beachtet sie dann, kein ländliches
      Mädchen;
Doch ist sie eh'lich verbunden, die schwache, dem kräf-
      tigen Ulmbaum,
Mancher Bursch beachtet sie dann, manch ländliches
      Mädchen:
So auch altert, noch unvermählt, mißachtet die Jungfrau;
Findet sie aber zur Zeit den ebenbürtigen Gatten,
Ist sie den Ihrigen lieber und minder lästig dem Vater. —

Doch, du kämpfe nun nicht, o Braut, mit dem trefflichen
      Gatten!
Nicht wär's billig zu kämpfen mit ihm, dem selber der Vater,
Er wie die Mutter dich gab, und ihnen mußt du gehorchen.
Nicht d i r allein gehört dein Magdtum; es haben die
      Eltern
Anteil: dem Vater gebührt ein Drittel, ein zweites der
      Mutter,
Erst das dritte ist dein: drum kämpfe du nicht mit den
      beiden,
Die ihre Rechte zugleich mit dem Brautschatz gaben dem
      Eidam.
Hymen, o Hymenäus, komm, Hymen, o Hymenäus!

ATTIS

Mit behendem Kiel fuhr Attis durch die hohen Fluten der
      See;
Als den phrygischen Wald begierig er mit eilendem Fuß
      berührt
Und der Göttin geweihten Räumen in des Haines Dunkel
      genaht,
Da von rasender Wut getrieben, in des Irrwahns Fesseln
      verstrickt

devolsit ili acuto sibi pondera silice. 5

itaque ut relicta sensit sibi membra sine viro,

etiam recente terrae sola sanguine maculans

niveis citata cepit manibus leve typanum,

typanum tuum, Cybele, tua, mater, initia,

quatiensque terga tauri teneris cava digitis 10

canere haec suis adorta est tremebunda comitibus:

'agite ite ad alta, Gallae, Cybeles nemora simul,

simul ite, Dindymenae dominae vaga pecora,

aliena quae petentes velut exsules loca

sectam meam exsecutae duce me mihi comites 15

rapidum salum tulistis truculentaque pelagi

et corpus evirastis Veneris nimio odio,

hilarate erae citatis erroribus animum.

mora tarda mente cedat; simul ite, sequimini

Phrygiam ad domum Cybeles, Phrygia ad nemora deae, 20

ubi cymbalum sonat vox, ubi tympana reboant,

tibicen ubi canit Phryx curvo grave calamo,

Mit dem scharfen Schnitt des Kiesels von der Weiche riß
                er die Scham.
Als die Glieder nun verlassen von des Mannes Kräften er
                fühlt,
Und der Wunde frisches Blut noch hinträufelte in den Sand,
Da ergriff mit blassen Händen die Verwandelte wie ent-
                zückt
Der Kybele leichte Trommel, die zum Dienst der Mutter
                sie weiht,
Und berührt die gespannte Rindshaut mit den zarten
                Fingern geschickt,
Den Gefährten vorzusingen sie versucht's mit bebendem
                Laut:
„Auf, enteilt zum ragenden Bergwald, die ihr Priester
                der Göttin seid,
Auf, enteilt, der Dindymene, der Gebietenden schweifen-
                des Wild,
Die in fremde Länder ziehend ihr mit mir die Heimat
                verließt,
Auf dem Fuße mir gefolgt seid, als Gefährten dem Führer
                getreu,
Die der reißenden Flut ihr trotztet und des Meeres toben-
                dem Schwall,
Die den Leib ihr jetzt entmannt habt, da zu sehr ihr Venus
                gehaßt,
Auf! den trüben Sinn erheitert jetzt rasch im schwärmen-
                den Lauf!
Aus dem Geist entweiche die Trägheit; auf, enteilt und
                folget geschwind
Zu Kybeles phrygischem Hause, zu der Göttin phrygi-
                schem Wald,
Wo die Cymbeln hell erklingen zu der Trommel hohlem
                Getön,
Wo der phrygische Flötenbläser dumpf bläst auf gewun-
                denem Rohr,

ubi capita maenades vi iaciunt hederigerae,

ubi sacra sancta acutis ululatibus agitant,

ubi suevit illa divae volitare vaga cohors,   25

quo nos decet citatis celerare tripudiis.'

    simul haec comitibus Attis cecinit notha mulier,

thiasus repente linguis trepidantibus ululat,

leve tympanum remugit, cava cymbala recrepant,

viridem citus adit Idam properante pede chorus.   30

furibunda simul anhelans vaga vadit animam agens

comitata tympano Attis per opaca nemora dux,

veluti iuvenca vitans onus indomita iugi:

rapidae ducem secuntur Gallae properipedem.

itaque, ut domum Cybeles tetigere lassulae,   35

nimio e labore somnum capiunt sine Cerere.

piger his labante languore oculos sopor operit:

abit in quiete molli rabidus furor animi.

    sed ubi oris aurei Sol radiantibus oculis

lustravit aethera album, sola dura, mare ferum,   40

pepulitque noctis umbras vegetis sonipedibus,

ibi Somnus excitam Attin fugiens citus abiit:

Wo das Haupt die Mänaden schwenken mit des Efeus
    Dolden umrankt,
Wo die heiligen Opferfeste sie begehn mit lautem Geheul,
Wo der Göttin schweifende Scharen stets schwärmen im
    weiten Gefild,
Dahin, ja dahin geziemt's uns zu eilen im Sturmeslauf."
    Den Gefährten sang dies Attis, die erst jüngst ge-
        worden ein Weib,
Und mit bebenden Stimmen heulet rings plötzlich gellend
    der Chor,
Und es tönt die leichte Trommel, und es schallt das schmet-
    ternde Erz,
Und zum grünen Ida stürzet sich der Schwarm mit eilendem
    Fuß.
Wut schnaubend schweift die Verzückte nun umher mit
    keuchender Brust,
Mit der Trommel ziehet Attis durch des Waldes Schatten
    voran,
Wie die ungezähmte Färse, die der Last des Joches ent-
    flieht:
Und der Gallen Schar im Sturme folgt ihrem beschwingten
    Schritt.
Da nun Kybeles Behausung sie betreten todesmatt,
Nach der schweren Mühe schlafen ohne Ceres' Gaben sie
    ein,
Es verhüllt der träge Schlummer mit stumpfer Betäubung
    den Blick,
Und der Seele wildes Stürmen wird in tiefe Ruhe versenkt.
    Doch sobald mit goldnem Antlitz nun der Sonne strah-
        lender Blick
Durch den hellen Äther schweifet über Land und tobendes
    Meer
Und der muntern Renner Hufschlag schon vertreibt die
    Schatten der Nacht,
Da verließ der Schlummer Attis, und in Eile flog er hin,

trepidante eum recepit dea Pasithea sinu.

ita de quiete molli rapida sine rabie

simul ipsa pectore Attis sua facta recoluit,   45

liquidaque mente vidit sine quis ubique foret,

animo aestuante rusum reditum ad vada tetulit.

ibi maria vasta visens lacrimantibus oculis

patriam allocuta maesta est ita voce miseriter:

   'patria o mei creatrix, patria o mea genetrix,   50

ego quam miser relinquens, dominos ut erifugae

famuli solent, ad Idae tetuli nemora pedem,

ut apud nivem et ferarum gelida stabula forem

et earum omnia adirem furibunda latibula,

ubinam aut quibus locis te positam, patria, reor?   55

cupit ipsa pupula ad te sibi dirigere aciem,

rabie fera carens dum breve tempus animus est.

egone a mea remota haec ferar in nemora domo?

patria, bonis, amicis, genitoribus abero?

abero foro, palaestra, stadio et gymnasiis?   60

miser ah miser, querendum est etiam atque etiam, anime.

Wo an warmer Brust die Göttin Pasithea ihn empfing.
So erquickt von sanfter Ruhe und befreit von grimmiger
Wut,
Als in stiller Brust nun Attis das Geschehene wieder
bedenkt
Und erkennt, was weggegeben sie hat und wo sie jetzt weilt,
Mit bewegter Seele lenkt da sie zum Meer die Schritte
zurück,
Sie erblickt die weiten Fluten, und es füllen Tränen den
Blick,
Und zur Heimat spricht sie also mit betrübtem, jammern-
dem Ton:
„O du Heimat, die mich geboren, o du Heimat, die
mich gezeugt,
Die ich Ärmster nun verlassen, wie dem Herrn ein flüch-
tiger Knecht
Wohl entläuft, da ich zum Ida in die Wälder lenkte den
Schritt,
Auf beschneiten Höhn zu hausen bei den frostigen Lagern
des Wilds,
Seine Höhlen zu durchrasen und zu dringen in jedes Ver-
steck:
Ach, wo bist du, liebe Heimat, du ersehnte, wo such' ich
dich?
Ja, es möchte selbst das Auge auf dich richten den scharfen
Blick,
In der kurzen Zeit, da frei ist von dem wilden Wahne der
Geist.
O, daß fern von meinem Hause in dem Wald hier schwär-
men ich soll,
Von dem Vaterland, den Gütern, von den Freunden, den
Eltern entfernt,
Von dem Ringplatz und der Rennbahn, vom Gymnasium
und vom Markt!
O du Armer, Armer, endlos nun bejammre deinen Verlust!

quod enim genus figurae est ego non quod obierim?

ego mulier — ego adulescens, ego ephebus, ego puer,

ego gymnasi fui flos, ego eram decus olei:

mihi ianuae frequentes, mihi limina tepida,   65

mihi floridis corollis redimita domus erat,

linquendum ubi esset orto mihi sole cubiculum.

ego nunc deum ministra et Cybeles famula ferar?

ego maenas, ego mei pars, ego vir sterilis ero?

ego viridis algida Idae nive amicta loca colam?   70

ego vitam agam sub altis Phrygiae columinibus,

ubi cerva silvicultrix, ubi aper nemorivagus?

iam iam dolet quod egi, iam iamque paenitet.'

   roseis ut huic labellis sonitus citus abiit

geminas deorum ad aures nova nuntia referens,   75

ibi iuncta iuga resolvens Cybele leonibus

laevumque pecoris hostem stimulans ita loquitur:

   'agedum' inquit, 'age ferox i, fac ut hunc furor agitet,

fac uti furoris ictu reditum in nemora ferat,

mea libere nimis qui fugere imperia cupit.   80

age caede terga cauda, tua verbera patere,

Ja, das Mögliche der Gestaltung durchwanderte ich bereits:
Bin ein Weib und war ein Jüngling, war ein Knab' und
kräftiger Mann,
War die Blüte der Palästra, war die Zier der Ringerschaft.
Sie bestürmten mir die Türe und die Schwelle wärmten sie
mir,
Und mit Blumenkränzen hatten sie mir stets umwunden
das Haus,
Wenn beim frühen Sonnenaufgang von dem Lager ich
mich erhob.
Und ich soll der Göttin Priest'rin, soll die Dienerin
Kybeles sein?
Ich Mänade, ich ein Teil nur von mir selbst, ein ent-
mannter Mann?
Soll des grünen Ida Höhen, die von Schnee umstarrten,
beziehn?
Soll von Phrygiens hohen Wipfeln überschattet leben
hinfort,
Wo der Hirsch, der Waldbewohner, wo der Eber schweift
im Gebüsch?
O weh! wie schmerzt die Tat mich! o weh! wie bereu' ich
sie jetzt!"
Da von rosigen Lippen also ihr entflohn das flüchtige Wort
Und zum offenen Ohr der Gottheit diese neue Kunde
gebracht,
Löst Kybele von dem Joche das verbundene Löwenpaar,
Und den Herdenwürger zur linken aufreizend redet sie so:
„Auf, du Wilder, auf zum Angriff, daß ihn wieder fasse
die Wut,
Daß gepackt von rasendem Grimme in den Wald er kehre
zurück,
Der zu frech jetzt meiner Herrschaft zu entfliehen wieder
versucht.
Mit dem Schweif den Rücken schlagend und von eigner
Geißel gepeitscht

fac cuncta mugienti fremitu loca retonent,

rutilam ferox torosa cervice quate iubam.'

　　ait haec minax Cybele religatque iuga manu.

ferus ipse sese adhortans rabidum incitat animo,　　　85

vadit, fremit, refringit virgulta pede vago.

at ubi umida albicantis loca litoris adiit

teneramque vidit Attin prope marmora pelagi,

facit impetum: illa demens fugit in nemora fera:

ibi semper omne vitae spatium famula fuit.　　　90

　　dea magna, dea Cybele, dea domina Dindymi,

procul a mea tuus sit furor omnis, era, domo:

alios age incitatos, alios age rabidos.

64

Peliaco quondam prognatae vertice pinus

dicuntur liquidas Neptuni nasse per undas

Phasidos ad fluctus et fines Aeeteos,

cum lecti iuvenes, Argivae robora pubis,

auratam optantes Colchis avertere pellem　　　5

ausi sunt vada salsa cita decurrere puppi,

caerula verrentes abiegnis aequora palmis.

diva quibus retinens in summis urbibus arces

ipsa levi fecit volitantem flamine currum,

Laß rings den Wald erdonnern vom Gebrüll und tosenden
Lärm,
Daß die gelbe Mähne wilder um den nervigen Nacken dir
weht!"
So hört man die Göttin drohen, und sie löst das Joch
mit der Hand,
Und der Löwe, der schon selber jetzt rast in grimmiger Wut,
Brüllt, trabt und zermalmt den Boden, wild stampfend
durch das Gebüsch;
Und sobald er nah dem Strande, wo die glitzernde Welle
schäumt,
Und er sieht die zarte Attis an der Marmorfläche des
Meers,
Rasch springt er auf sie: doch jene entflieht entsetzt in
den Wald,
Wo die ganze Zeit ihres Lebens sie der Göttin Dienerin
blieb. —
O Kybele, waltende Herrin, o du mächt'ge Gebieterin,
Halte fern von meinem Hause deinen heiligen Wahnsinn
stets,
Treib'andere nur zum Rasen, nimm anderen den Verstand!

DIE HOCHZEIT DES PELEUS UND DER THETIS

Einst auf Pelions Gipfel gewachsene mächtige Fichten
Schwammen, erzählt man uns, Neptuns kristallene Flut
hin
Nach den Gewässern des Phasis, zum Königssitz des Aeetes,
Als erlesene Helden, der Kern argivischer Jugend,
Kühnen Begehrs, aus Colchis das goldene Vließ zu ent-
wenden,
Über die salzige Flut auf eilendem Kiele sich wagten,
Fegend mit tannenen Rudern des Meeres blauende Weite.
Aber die Göttin selbst, die Gebieterin ragender Burgen,
Baute das Fahrzeug so, daß leicht ein Hauch es bewegte,

pinea coniungens inflexae texta carinae.   10
illa rudem cursu prima imbuit Amphitriten:
quae simul ac rostro ventosum proscidit aequor
tortaque remigio spumis incanduit unda,
emersere freti candenti e gurgite vultus
aequoreae monstrum Nereides admirantes.   15
illa, ante haud alia, viderunt luce marinas
mortales oculis nudato corpore nymphas
nutricum tenus exstantes e gurgite cano.
tum Thetidis Peleus incensus fertur amore,
tum Thetis humanos non despexit hymenaeos,   20
tum Thetidi pater ipse iugandum Pelea sensit.
o nimis optato saeclorum tempore nati
heroes, salvete, deum gens, o bona matrum
progenies, salvete iterum . . .
vos ego saepe meo, vos carmine compellabo,
teque adeo eximie taedis felicibus aucte   25
Thessaliae columen Peleu, cui Iuppiter ipse,
ipse suos divum genitor concessit amores.
tene Thetis tenuit pulcherrima Nereine?
tene suam Tethys concessit ducere neptem
Oceanusque, mari totum qui amplectitur orbem?   30
   quae simul optatae finito tempore luces
advenere, domum conventu tota frequentat

Fichtener Balken Geflecht dem geschweiften Kiele ver-
      bindend.
Nie noch hatte ein Schiff durchfurcht dies keusche Ge-
      wässer:
Drum, als kaum es den Schnabel getaucht in die rauschen-
      den Fluten,
Als von dem Schlage der Ruder zuerst aufschäumten die
      Wogen,
Siehe, da tauchten empor aus dem silbernen Strudel die
      Meerfraun,
Nereus' Töchter, und staunten erschrockenen Blicks auf
      das Wunder.
Da ward sterblichen Augen vergönnt, was keine noch sahen,
Nackend die Leiber zu schaun jungfräulicher Meeres-
      nymphen,
Bis an die Brust auftauchend im Gischt der schimmernden
      Wellen.
Da für Thetis erglüht, so erzählt man, Peleus in Liebe,
Da ergriff auch Thetis nach irdischer Ehe die Sehnsucht,
Da gab Thetis zusammen und Peleus selber der Vater.
O ihr glücklichen Söhne entschwundner seliger Zeiten,
Seid mir gegrüßt, Heroen, ihr götterentsproßnen, der
      Mütter
Ruhm, o seid mir gegrüßt; in nimmermüder Verehrung
Soll euch oft noch tönen das Lied des Sängers, vor allen
Tönen auch dir, den Hymens beglückende Fackel ver-
      herrlicht,
Peleus, ragende Säule Thessaliens! Trat der Kronide
Doch aus freiem Entschluß dir ab, die selbst er geliebet!
Dich hielt Thetis im Arm, die schönste der Nereustöchter?
Dir hat Tethys erlaubt, die Enkelin ihr zu entführen,
Und Oceanus selbst, der mit Flut umgürtet den Erdkreis?
   Als nunmehr in der Tage Verlauf der sehnlich erharrte
Morgen erschien, da strömt in Scharen zum fürstlichen
      Hause

Thessalia, oppletur laetanti regia coetu:
dona ferunt prae se, declarant gaudia vultu.
deseritur Cieros, inquunt Phthiotica Tempe   35
Crannonisque domos ac moenia Larisaea,
Pharsalum coeunt, Pharsalia tecta frequentant.
rura colit nemo, mollescunt colla iuvencis,
non humilis curvis purgatur vinea rastris,
non glaebam prono convellit vomere taurus,   40
non falx attenuat frondatorum arboris umbram,
squalida desertis rubigo infertur aratris.
ipsius at sedes, quacumque opulenta recessit
regia, fulgenti splendent auro atque argento.
candet ebur soliis, collucent pocula mensae,   45
tota domus gaudet regali splendida gaza.
pulvinar vero divae geniale locatur
sedibus in mediis, Indo quod dente politum
tincta tegit roseo conchyli purpura fuco.
haec vestis priscis hominum variata figuris   50
heroum mira virtutes indicat arte.

    namque fluentisono prospectans litore Diae
Thesea cedentem celeri cum classe tuetur
indomitos in corde gerens Ariadna furores,
necdum etiam sese quae visit visere credit,   55
utpote fallaci quae tunc primum excita somno
desertam in sola miseram se cernat harena.

Ganz Thessalien hin, unzählige fröhliche Gäste,
Gaben auch bringen sie dar, ihr Antlitz strahlet von Freude.
Leer ist Cieros, leer das Phthiotische Tempe, verödet
Stehen Larissas Mauern und Crannons Straßen verlassen.
Nach Pharsalos geht's, pharsalische Häuser besucht man.
Niemand bauet das Feld, schlaff werden die Nacken der
        Rinder,
Nicht mehr lichtet die Hacke den niedrig wuchernden
        Weinstock,
Noch auch furchet die Scholle der Stier mit der wühlenden
        Pflugschar;
Nicht mehr schmälert die Sichel den üppigen Schatten der
        Bäume,
Häßlicher Rost umzieht die verlassenen Ackergeräte.
Aber im Hochzeitshause, so weit sich dehnen die reichen
Hallen, glänzt es von funkelndem Gold und Silber, es
        schimmern
Throne von Elfenbein, es blitzen die Tafelpokale;
Herrlich strahlt der Palast ringsum von den Schätzen des
        Königs.
Aber das bräutliche Lager der Göttin steht in des Hauses
Innerstem Raum, das Gestell aus Elfenbein kunstvoll
        gedrechselt,
Decken vom rosigen Saft der Purpurschnecke gesättigt.
Dieses Gewand, durchwebt mit Gestalten entschwundener
        Zeiten,
Zeigt in bewunderungswürdiger Kunst Großtaten der
        Helden.
Denn von Dias Strande, dem wellenumbrausten, hinaus
        schweift
Ariadnes Blick nach den Schiffen des fliehenden Theseus,
Während ihr Herz sich verzehrt im Feuer rasender Liebe;
Ja kaum glaubt sie es noch, daß sie alles wirklich erlebt hat,
Da, aus trüglichem Schlaf jetzt eben erwacht, sich die Arme
Einsam findet am Strand, in der sandigen Öde verlassen;

immemor at iuvenis fugiens pellit vada remis,
irrita ventosae linquens promissa procellae.
quem procul ex alga maestis Minois ocellis   60
saxea ut effigies bacchantis prospicit, eheu,
prospicit et magnis curarum fluctuat undis,
non flavo retinens subtilem vertice mitram,
non contecta levi velatum pectus amictu,
non tereti strophio lactentis vincta papillas,   65
omnia quae toto delapsa e corpore passim
ipsius ante pedes fluctus salis adludebant.
sed neque tum mitrae neque tum fluitantis amictus
illa vicem curans toto ex te pectore, Theseu,
toto animo, tota pendebat perdita mente.   70
a misera, assiduis quam luctibus exsternavit
spinosas Erycina serens in pectore curas
illa tempestate, ferox quo ex tempore Theseus
egressus curvis e litoribus Piraei
attigit iniusti regis Gortynia tecta.   75

    nam perhibent olim crudeli peste coactam
Androgeoneae poenas exsolvere caedis
electos iuvenes simul et decus innuptarum
Cecropiam solitam esse dapem dare Minotauro:
quis angusta malis cum moenia vexarentur,   80
ipse suum Theseus pro caris corpus Athenis
proicere optavit potius quam talia Cretam

Doch es entflieht der Verräter und schlägt mit den Rudern
die Wogen,
Fliehet und läßt Sturmwinden zum Raub die nichtigen
Schwüre.
Ihm starrt nach vom Schilfe des Minos Tochter mit trüben
Blicken, dem Marmorbilde vergleichbar einer Bacchantin,
Starret ihm nach und wogt ruhlos im Sturm der Gedanken.
Nicht mehr schlingt um das Gold sich der Locken die
zierliche Mitra,
Nicht mehr decket die Schultern die duftige Hülle des
Kleides,
Nicht mehr bindet die Fülle des Busens der schmiegsame
Gürtel,
All ihr Schmuck lag da, ringsum vom Körper entglitten,
Ihr zu Füßen und ward umspült von den plätschernden
Wogen.
Doch was kümmert sie jetzt die Mitra, der wallende
Schleier,
Nur auf dich, Theseus, ist all ihr Sinnen gerichtet,
All ihr Denken verloren in dich und all ihr Verlangen.
Ach du Arme, wie hat mit ruhlos nagendem Grame
Dich Erycina verstört, ins Herz dir pflanzend der Liebe
Dornen zur selbigen Stund', wo der heldenmütige Theseus
Aus der gewundenen Bucht des Heimathafens gezogen
Kam zum kretischen Land, in die Burg des tyrannischen
Königs.
Denn sie sagen, dereinst von schrecklicher Seuche ge-
ängstigt
Mußte des Cecrops Stadt für den Mord des Androgeos
büßen,
Mußte der Jünglinge Preis und die Blüte der Jungfraun zollen
Als klagwürdiges Opfer dem grausigen Minotaurus:
Ratlos standen die Bürger, gequält von solcher Bedrängnis
Da bot Theseus selbst, sein teures Athen zu erretten,
Lieber den eigenen Leib, als daß lebendige Leichen

funera Cecropiae nec funera portarentur.
atque ita nave levi nitens ac lenibus auris
magnanimum ad Minoa venit sedesque superbas.   85
hunc simulac cupido conspexit lumine virgo
regia, quam suavis exspirans castus odores
lectulus in molli complexu matris alebat,
quales Eurotae progignunt flumina myrtos
aurave distinctos educit verna colores,   90
non prius ex illo flagrantia declinavit
lumina quam cuncto concepit corpore flammam
funditus atque imis exarsit tota medullis.
heu misere exagitans immiti corde furores,
sancte puer, curis hominum qui gaudia misces,   95
quaeque regis Golgos quaeque Idalium frondosum,
qualibus incensam iactastis mente puellam
fluctibus in flavo saepe hospite suspirantem!
quantos illa tulit languenti corde timores,
quanto saepe magis fulgore expalluit auri,   100
cum saevum cupiens contra contendere monstrum
aut mortem appeteret Theseus aut praemia laudis.
    non ingrata tamen frustra munuscula divis
promittens tacito succepit vota labello.
nam velut in summo quatientem bracchia Tauro 105
quercum aut conigeram sudanti cortice pinum
indomitus turbo contorquens flamine robur

Fürder als gräßliches Opfer nach Creta würden geliefert.
Und dem behenden Schiff und der Gunst vertrauend der
        Winde
Fuhr er hinaus und trat vor den szeptergewaltigen Minos.
Kaum erblickt ihn hier mit verlangendem Auge die Jung-
        frau,
Königs Töchterlein, welche das wohlduftatmende, keusche
Bettlein hegend erzog in zärtlicher Mutterumarmung,
Wie an Eurotas' Wassern gedeiht die bescheidene Myrte,
Oder der Frühlingshauch vielfarbiges Blühen hervorlockt,
Ach, da wandte sie nimmer von ihm ihr glühendes Auge,
Bis das verzehrende Feuer ihr Leib und Seele versengte,
Mark und Bein durchdringend mit rastlos lodernden Gluten.
Der du mit grausamer Lust anfachst im Herzen die Liebe,
Göttlicher Knabe, mit Leid vermischend der Sterblichen
        Freuden,
Königin, die du beschirmst Idaliums Wälder und Golgi,
Welch ein Wogen und Stürmen erregtet dem liebenden
        Kind ihr,
Welches so oft aufseufzt, nach dem blonden Gaste sich
        sehnend!
Wie viel Qualen der Angst im schmachtenden Herzen
        ertrug sie!
Welch ein blasser Schimmer wie Gold umzog ihr das
        Antlitz,
Als mit dem Untier mutig den Kampf aufnehmend, dem
        Tod sich
Oder der Palme des Siegs hochherzig weihte der Jüngling.
    Zwar nicht unwillkommen und fruchtlos waren die
        Spenden,
Die im Herzen sie still zum Dank den Göttern gelobte.
Denn wie der Eiche bewegtes Geäst hoch oben im Taurus,
Oder mit harziger Borke die zapfenbehangene Fichte
Wütende Windsbraut packt und den Stamm umknickend
        im Sturme

eruit (illa procul radicitus exturbata
prona cadit late quaeviscumque obvia frangens),
sic domito saevum prostravit corpore Theseus   110
nequiquam vanis iactantem cornua ventis.
inde pedem sospes multa cum laude reflexit
errabunda regens tenui vestigia filo,
ne labyrintheis e flexibus egredientem
tecti frustraretur inobservabilis error.   115

   sed quid ego a primo digressus carmine plura
commemorem, ut linquens genitoris filia vultum,
ut consanguineae complexum, ut denique matris,
quae misera in gnata deperdita laetabatur,
omnibus his Thesei dulcem praeoptarit amorem,   120
aut ut vecta rati spumosa ad litora Diae
venerit, aut ut eam devinctam lumina somno
liquerit immemori discedens pectore coniunx?
saepe illam perhibent ardenti corde furentem
clarisonas imo fudisse ex pectore voces,   125
ac tum praeruptos tristem conscendere montes
unde aciem in pelagi vastos protenderet aestus,
tum tremuli salis adversas procurrere in undas
mollia nudatae tollentem tegmina surae,
atque haec extremis maestam dixisse querelis.   130

Ausreißt; jene vom Boden hinweg mit den Wurzeln ge-
wirbelt
Stürzt in das Tal, weithin, was im Weg steht, alles zer-
schmetternd:
So streckt Theseus' Kraft den gebändigten Körper des
Untiers
Nieder, das jetzt in der Luft umsonst mit den Hörnern
umherstößt.
Dann kehrt heil er zurück, umstrahlt von glänzendem
Ruhme,
Weil der gezogene Faden den irrenden Schritt ihm lenkte,
Daß im Hinausgehn aus labyrinthischer Wege Ver-
strickung
Ihn nicht fange des Baus unmerksam täuschendes Irrsal.
Doch was schweift mein Lied von dem Anfang ab? was
erzähl' ich,
Wie vom Auge des Vaters hinweg sich die Tochter gestohlen,
Wie von der Schwester sie dann und der Mutter Um-
armung scheidend,
Die mit sorgender Lust in ihr ganz lebte, dem Liebling,
All dies, alles um eins, um des Theseus Liebe dahingab?
Wie sie gelandet darauf an Dias schäumendem Strande,
Bis sie zuletzt, da sanft ihr Auge der Schlummer bezwungen,
Liebevergessenen Herzens verließ der entweichende Gatte?
Oftmals, sagt man, im rasenden Drang und Sturm der
Gefühle
Habe aus innerster Brust sie gellende Schreie gestoßen;
Und jetzt klomm sie voll Wehmut empor am steilen Ge-
birgshang,
Über die Weite des Meers scharfspähende Blicke zu senden;
Und dann wieder hinab und hinaus in die plätschernden
Wellen
Lief sie, bis an die Knie das weiche Gewand erhebend;
Und nun strömte sie laut in Verzweiflungsklagen den
Schmerz aus,

frigidulos udo singultus ore cientem:

  'sicine me patriis avectam, perfide, ab aris,

perfide, deserto liquisti in litore, Theseu?

sicine discedens neglecto numine divum

immemor ah devota domum periuria portas?   135

nullane res potuit crudelis flectere mentis

consilium? tibi nulla fuit clementia praesto

immite ut nostri vellet miserescere pectus?

at non haec quondam blanda promissa dedisti

voce mihi, non haec miserae sperare iubebas,   140

sed conubia laeta, sed optatos hymenaeos:

quae cuncta aerii discerpunt irrita venti.

nunc iam nulla viro iuranti femina credat,

nulla viri speret sermones esse fideles:

quis dum aliquid cupiens animus praegestit apisci,   145

nil metuunt iurare, nihil promittere parcunt:

sed simulac cupidae mentis satiata libido est,

dicta nihil meminere, nihil periuria curant.

certe ego te in medio versantem turbine leti

eripui et potius germanum amittere crevi   150

quam tibi fallaci supremo in tempore deessem:

pro quo dilaceranda feris dabor alitibusque

praeda neque iniacta tumulabor mortua terra.

Krampfdurchschauert schluchzend mit tränenbenetztem
                    Munde:
„Führtest du darum mich, Treuloser, hinweg von der
                    Heimat,
Um mich am einsamen Strand treulos zu verlassen, o
                    Theseus?
So entfliehst du, Verräter, und wagst es, der göttlichen
                    Mächte
Spottend des Meineids Fluch, weh dir! nach Hause zu
                    tragen?
Konnte denn nichts mehr, nichts den Entschluß unerbitt-
                    lichen Sinnes
Wenden? und regte sich dir nicht ein Hauch von Mitleid
                    im Herzen,
Daß die verhärtete Brust sich mein zu erbarmen gedächte?
Ach, wie anders erklang mir damals deiner Verheißung
Schmeichelndes Wort, nicht ließest du dies mich Ärmste
                    erhoffen,
Sondern beglückenden Bund, willkommene Festhymenäen;
Das ist alles dahin, von den luftigen Winden zerrissen.
Nimmer glaube da noch ein Weib an die Schwüre des
                    Mannes,
Hoffe auch nie wahrhaftige Worte von Männern zu hören,
Die, wenn ihrer Begier noch etwas bleibt zu erringen,
Keinerlei Eidschwur scheun und keine Versprechungen
                    sparen:
Aber sobald ihr lüsterner Sinn sein Sehnen gestillt hat,
Kümmert ihr Wort sie nicht und nichts gilt ihnen ein
                    Meineid.
Ich zwar rettete dich aus schwerer Todesbedrängnis,
Ich war eher entschlossen, den eigenen Bruder zu opfern,
Als in der dräuenden Not, Falschherziger, dich zu verlassen:
Dafür werd' ich dem reißenden Wild und den Vögeln zur
                    Beute,
Hier, wo meinem Gebein kein bergender Hügel vergönnt ist.

quaenam te genuit sola sub rupe leaena,
quod mare conceptum spumantibus exspuit undis,   155
quae Syrtis, quae Scylla rapax, quae vasta Charybdis,
talia qui reddis pro dulci praemia vita?
si tibi non cordi fuerant conubia nostra,
saeva quod horrebas prisci praecepta parentis,
at tamen in vestras potuisti ducere sedes   160
quae tibi iucundo famularer serva labore
candida permulcens liquidis vestigia lymphis
purpureave tuum consternens veste cubile.

    sed quid ego ignaris nequiquam conqueror auris
exsternata malo, quae nullis sensibus auctae   165
nec missas audire queunt nec reddere voces?
ille autem prope iam mediis versatur in undis,
nec quisquam apparet vacua mortalis in alga.
sic nimis insultans extremo tempore saeva
fors etiam nostris invidit questibus auris.   170
Iuppiter omnipotens, utinam ne tempore primo
Gnosia Cecropiae tetigissent litora puppes,
indomito nec dira ferens stipendia tauro
perfidus in Creta religasset navita funem,
nec malus hic celans dulci crudelia forma   175
consilia in nostris requiesset sedibus hospes!
nam quo me referam? quali spe perdita nitor?

Welche Löwin hat dich in einsamen Klüften geboren?
Was für ein Strudel hat dich empfangen und aus der
    empörten
Tiefe gespien, die Syrte, die Scylla oder Charybdis,
Der du mir also dankst für die Wonne des Lebens, o
    Theseus?
Sei's, daß nie du von Herzen geneigt warst unserem
    Ehbund,
Weil dich das strenge Verbot des betagten Vaters er-
    schreckte;
Konntest du mich dann nicht mitführen in eure Behausung,
Daß ich als Magd dir hätte gedient in williger Arbeit,
Bald mit dem lauteren Wasser die weißen Füße dir spülend,
Bald mit dem Purpurtuch dein nächtlich Lager bedeckend!
    Doch was klag'ich dies alles umsonst den fühllosen Lüften,
Außer mir selbst vor Schmerz, die ohne der Sinne Emp-
    findung
Weder zu fassen vermögen ein Wort noch wiederzugeben?
Er jedoch fährt schon draußen im Meer, und hier in dem
    öden
Schilfrohr reget sich nirgends ein fühlendes sterbliches
    Wesen.
Wahrlich, es treibt seinen Spott das Geschick mit meiner
    Verzweiflung,
Daß es mir selbst mißgönnt ein offenes Ohr für die Klage.
Juppiter, König des Himmels, o hätte doch nie das Gestade
Unseres Gnosus berührt ein Schiff athenischer Männer,
Hätte doch nie mit dem schrecklichen Zoll für den Mino-
    taurus
Trüglich an Cretas Ufer die Taue befestigt ein Fährmann,
Noch er selbst, der Verruchte, in holder Schönheit die
    Tücke
Bergend, an unserem Herd gastfreundliche Stätte gefunden!
Denn wo wend' ich mich hin? was kann die Verlorene
    hoffen?

Idaeosne petam montes? a, gurgite lato

discernens ponti truculentum ubi dividit aequor?

an patris auxilium sperem? quemne ipsa reliqui   180

respersum iuvenem fraterna caede secuta?

coniugis an fido consoler memet amore?

quine fugit lentos incurvans gurgite remos?

praeterea nullo litus, sola insula, tecto,

nec patet egressus pelagi cingentibus undis: 185

nulla fugae ratio, nulla spes: omnia muta,

omnia sunt deserta, ostentant omnia letum.

non tamen ante mihi languescent lumina morte,

nec prius a fesso secedent corpore sensus

quam iustam a divis exposcam prodita multam   190

caelestumque fidem postrema comprecer hora.

quare, facta virum multantes vindice poena

Eumenides, quibus anguino redimita capillo

frons exspirantis praeportat pectoris iras,

huc huc adventate, meas audite querelas,   195

quas ego vae misera extremis proferre medullis

cogor inops, ardens, amenti caeca furore.

quae quoniam verae nascuntur pectore ab imo,

vos nolite pati nostrum vanescere luctum,

Soll ich zum Ida fliehn? Ach, über die schaurige Tiefe,
Über die stürmische Flut führt keine verbindende Brücke!
Rettet vielleicht mein Vater mich noch? Er, den ich ver-
lassen,
Folgend des Jünglings Spur, der vom Blut des Bruders
befleckt war!
Oder vertröst' ich mein Herz mit der Treue des liebenden
Gatten,
Der auf der Flucht jetzt krümmt seine Ruder im Wirbel
der Meerflut?
Sonst kein schirmendes Dach am Strand! Rings öde die
Insel!
Nirgend ein Rettungssteg, da die Wogen des Meers sie
umgürten.
Nein, kein Mittel zur Flucht! Kein Hoffen! Verlassen ist
alles,
Lautlos alles umher, und alles verkündet mein Ende.
Aber es soll mein Auge der Tod nicht eher umnachten,
Aus dem ermatteten Leibe der Geist nicht eher ent-
schwinden,
Bis für diesen Verrat ich Sühne geheischt von den Göttern
Und die Himmlischen ich in der Stunde des Todes be-
schworen.
Die ihr die Frevel der Menschen verfolgt mit rächendem
Arme,
Eumeniden, die Stirn mit grausigen Schlangen umzüngelt,
Jenen verzehrenden Zorn, der im Busen euch lodert, ver-
kündend,
Hierher, hierher kommt, o kommt und vernehmet die
Klagen,
Die aus der Tiefe der Brust ein elend Weib zu euch sendet,
Ratlos, schmerzverzehrt, umnachtet von dumpfer Ver-
zweiflung!
Und, wenn wahrhaft diese vom Grund aufquellen der Seele,
O dann duldet es nicht, daß in Nichts mein Jammer verhalle,

sed quali solam Theseus me mente reliquit,   200
tali mente, deae, funestet seque suosque.'
    has postquam maesto profudit pectore voces
supplicium saevis exposcens anxia factis,
adnuit invicto caelestum numine rector,
quo nutu tellus atque horrida contremuerunt   205
aequora concussitque micantia sidera mundus.
ipse autem caeca mentem caligine Theseus
consitus oblito dimisit pectore cuncta,
quae mandata prius constanti mente tenebat,
dulcia nec maesto sustollens signa parenti   210
sospitem Erechtheum se ostendit visere portum.
namque ferunt olim, classi cum moenia divae
linquentem gnatum ventis concrederet Aegeus,
talia complexum iuveni mandata dedisse:
    'gnate mihi longe iucundior unice vita,   215
gnate, ego quem in dubios cogor dimittere casus,
reddite in extrema nuper mihi fine senectae,
quandoquidem fortuna mea ac tua fervida virtus
eripit invito mihi te, cui languida nondum
lumina sunt gnati cara saturata figura,   220
non ego te gaudens laetanti pectore mittam,
nec te ferre sinam fortunae signa secundae,
sed primum multas expromam mente querelas
canitiem terra atque infuso pulvere foedans,
inde infecta vago suspendam lintea malo,   225
nostros ut luctus nostraeque incendia mentis

Sondern wie Theseus mich leichtfertigen Herzens allein ließ,
So durch Leichtsinn sich und die Seinen mög' er
verderben!"—
Als aus traurigem Herzen sie diese Klagen ergossen,
Für die grausame Tat erschüttert Sühne zu fordern,
Winkte Gewährung ihr zu der allmächtige Herrscher der
Götter,
Und es erbebte die Erde und tiefaufschauernd das Weltmeer,
Und im unendlichen Raum erzitterten funkelnd die Sterne.
Aber er selbst, Theseus, dem nächtiges Dunkel die Sinne
Plötzlich verhüllte, vergaß und verlor aus allen Gedanken,
Was er bisher getreu als Gebot in der Seele getragen;
Und er gibt dem bekümmerten Vater kein fröhliches Zeichen,
Kündend, daß er als Sieger erschien in der Bucht des
Erechtheus.
Denn vordem, als er schied aus Athenes heiligen Mauern
Und der bangende Vater ihn mußte den Winden vertrauen,
Drückt' ihn Aegeus ans Herz, und so ermahnt' er den
Jüngling:
„Sohn, mein einziger du, den mehr als mein Leben ich liebe,
Den ich hinaus muß senden zu schicksalsschwerer Ent-
scheidung,
Kaum nachdem du am Rande des Alters mir wieder ge-
schenkt wardst:
Weil mein Unstern jetzt und der eigene stürmische Mut dich
Mitleidlos mir entreißt, bevor die verlöschenden Augen
Sich an dem freundlichen Bild des einzigen Sohnes gesättigt,
Kann ich dich nicht mit heiterem Sinn, nicht fröhlich ent-
lassen,
Will auch nicht, daß Zeichen du führst, die Glücklichen
anstehn,
Vielmehr laß mich zuerst mein Herz ausschütten in Klagen
Und dies silberne Haar mit Staub und Asche bedecken;
Aber vom wandernden Mast soll wehen ein düsteres Segel,
Dunkel gefärbt wie Rost, auf daß es künde von Trauer

carbasus obscurata dicet ferrugine Hibera.
quod tibi si sancti concesserit incola Itoni,
quae nostrum genus ac sedes defendere Erechthei
adnuit, ut tauri respergas sanguine dextram,   230
tum vero facito ut memori tibi condita corde
haec vigeant mandata, nec ulla oblitteret aetas,
ut simulac nostros invisent lumina collis,
funestam antennae deponant undique vestem
candidaque intorti sustollant vela rudentes,   235
quam primum cernens ut laeta gaudia mente
agnoscam, cum te reducem aetas prospera sistet.'
    haec mandata prius constanti mente tenentem
Thesea ceu pulsae ventorum flamine nubes
aerium nivei montis liquere cacumen.   240
at pater, ut summa prospectum ex arce petebat
anxia in assiduos absumens lumina fletus,
cum primum inflati conspexit lintea veli,
praecipitem sese scopulorum e vertice iecit
amissum credens immiti Thesea fato.   245
sic funesta domus ingressus tecta paterna
morte ferox Theseus, qualem Minoidi luctum
obtulerat mente immemori, talem ipse recepit.
    quae tum prospectans cedentem maesta carinam
multiplices animo volvebat saucia curas.   250

Und von dem Kummer, der mir wie die Flamme das
    Innre verzehret.
Aber vergönnt die Bewohnerin dir des geweihten Itonus,
Sie, die unser Geschlecht und Erechtheus' Sitze beschirmet,
Daß du die tapfere Hand dir färbst mit dem Blute des
    Stieres,
Dann, mein Sohn, hab acht, daß wohlverwahrt im Ge-
    dächtnis
Dieses Gebot dir bleib' und nimmer die Zeit es verlösche:
Wenn dein Auge erblickt die Hügel unserer Heimat,
Falle das Trauergewand allseits an den Rahen hernieder,
Und weißglänzend erheb' am gewundenen Tau sich das
    Segel,
Daß ich mit jubelndem Herzen alsbald die Kunde vernehme,
Wenn dich dem Heimatland die gesegnete Stunde zurück-
    gibt."
Dieses Gebot, das Theseus sonst in treuem Gedächtnis
Hatte verwahrt, es entflog ihm jetzt, wie vom Hauche des
    Windes
Wird ein Wölkchen verweht von dem schneeigen Gipfel
    des Berges.
Aber der Greis, er späht von den Zinnen hinaus in die
    Weite,
Während sein ängstlicher Blick sich verzehrt in ewigen
    Tränen;
Und kaum ward er gewahr, wie das düstere Segel heranzog,
Stürzt er jäh sich hinab in das Meer von der obersten Klippe,
Wähnend, der Sohn sei tot, entrafft durch ein feindliches
    Schicksal.
Also fand ein verödetes Haus der gewaltige Theseus,
Fand als Leiche den Vater. Das Leid, das über des Minos
Tochter gebracht sein Vergessen, es kehrte zurück zu ihm
    selber.
Kummervoll sah diese indes dem scheidenden Schiff nach,
Tausend trübe Gedanken in ihrem verwundeten Herzen.

at parte ex alia florens volitabat Iacchus
cum thiaso satyrorum et Nysigenis silenis
te quaerens, Ariadna, tuoque incensus amore*).

.   .   .   .

quae tum alacres passim lymphata mente furebant
Euhoe bacchantes, euhoe capita inflectentes.   255
harum pars tecta quatiebant cuspide thyrsos,
pars e divulso iactabant membra iuvenco,
pars sese tortis serpentibus incingebant,
pars obscura cavis celebrabant orgia cistis,
orgia quae frustra cupiunt audire profani,   260
plangebant aliae proceris tympana palmis
aut tereti tenuis tinnitus aere ciebant,
multis raucisonos efflabant cornua bombos
barbaraque horribili stridebat tibia cantu.

   talibus amplifice vestis decorata figuris   265
pulvinar complexa suo velabat amictu.
quae postquam cupide spectando Thessala pubes
expleta est, sanctis coepit decedere divis.
hic, qualis flatu placidum mare matutino
horrificans Zephyrus proclivas incitat undas   270
Aurora exoriente vagi sub limina solis,
quae tarde primum clementi flamine pulsae
procedunt, leviterque sonant plangore cachinni,

*) Nach 253 fehlt ein Vers, der die Bacchantinnen nannte.

Aber von drüben im Flug schon nahte der blühende
       Bacchus,
Satyrnschwärme mit ihm und die nysagebornen Silene,
Der dich suchte, entflammt von Liebe zu dir, Ariadne.

. . . .

Um ihn taumelten rings wie toll der Bacchantinnen
       Schwärme,
Euhoi! jauchzten sie laut, und es drehn sich im Wirbel
       die Köpfe;
Schüttelten Thyrsusstäbe mit zapfenbekleideter Spitze,
Oder zerfetzten ein Rind und schleuderten von sich die
       Stücke,
Andere gürteten sich um den Leib aufringelnde Schlangen,
Andere trugen in Kästen der Orgien dunkles Geheimnis,
Orgien, die niemals ausspäht unheilige Neugier;
Etliche schlugen die Pauke mit hocherhobenem Arme
Oder entlockten dem blinkenden Erze gellendes Klirren,
Dorther brausten mit dumpfem Gebrumme die Stöße des
       Waldhorns,
Und wild kreischten dazwischen die Töne der phrygischen
       Pfeife.
  Solche Gebilde verzierten den herrlich prangenden
       Teppich,
Welcher sein Faltengewand rings ausgoß über das Brautbett.
Staunend weidet die Blicke an ihm Thessaliens Jugend,
Bis sie allmählich zu weichen begann den heiligen Göttern.
Wie wenn die ruhige Fläche des Meers beim Hauche des
       Morgens
Kräuseln die gleitenden Wellen, indessen das Kommen der
       nimmer
Rastenden Sonne verkündend Aurora golden emporsteigt,
Anfangs ziehen sie träge dahin, noch säuselt der Wind nur;
Heimlich Gekicher erklingt, so scheint's, aus den Wassern;
       da weht schon

post vento crescente magis magis increbescunt

purpureaque procul nantes ab luce refulgent,   275

sic tum vestibuli linquentes regia tecta

ad se quisque vago passim pede discedebant.

   quorum post abitum princeps e vertice Peli

advenit Chiron portans silvestria dona:

nam quoscumque ferunt campi, quos Thessala magnis 280

montibus ora creat, quos propter fluminis undas

aura parit flores tepidi fecunda Favoni,

hos indistinctis plexos tulit ipse corollis,

quo permulsa domus iucundo risit odore.

confestim Penios adest, viridantia Tempe,   285

Tempe quae silvae cingunt super impendentes

Naiasin linquens variis celebranda choreis,

non vacuus: namque ille tulit radicitus altas

fagos ac recto proceras stipite laurus,

non sine nutanti platano lentaque sorore   290

flammati Phaethontis et aeria cupressu.

haec circum sedes late contexta locavit,

vestibulum ut molli velatum fronde vireret.

post hunc consequitur sollerti corde Prometheus

extenuata gerens veteris vestigia poenae   295

Stärker der Hauch, und sie steigen empor und sie wachsen
und rollen
Weithin, blitzenden Kammes im purpurnen Scheine des
Frührots:
So auch zogen die Jünglinge dort aus den fürstlichen
Hallen,
Wandten sich heimwärts nun, nach verschiedenen Seiten
enteilend.
Als nun alle gegangen, da kam von Pelions Felshöhn
Chiron zuerst herbei, in den Händen die Gaben des Berg-
walds:
Was auf den Matten gedeiht, was auch Thessaliens Boden
Hoch in den Bergen erzeugt, wie viel am Ufer des Stromes
Blumen sprießen, genährt vom Hauche des lieblichen
Westwinds,
All das bracht' er herbei, kunstlos zu Kränzen geflochten,
Daß voll würzigen Dufts ein lachender Garten das Haus
schien.
Nach ihm trat Peneios heran; sein grünendes Tempe,
Tempes Tal, das rings hochragende Wälder umgürten,
Ließ er dem Chor der Najaden zu wechselnden Spielen
und Tänzen;
Gaben spendet auch er: denn mächtige Buchen und
schlanken
Lorbeer trug er herbei, mit der Wurzel entrissen dem Erdreich,
Auch mit schwankenden Kronen Platanen und zitternde
Pappeln,
Phaetons Schwestern, des flammenverzehrten, und zarte
Cypressen;
All dies pflanzt' er ringsum in stattlichen Reihn vor die Halle,
Daß es ein Laubwald schien, der grünend verhüllte den
Eingang.
Hinter ihm schritt einer der erfindungsreiche Prometheus,
Tragend am narbigen Leibe noch Spuren der schrecklichen
Strafe,

quam quondam silici restrictus membra catena

persolvit pendens e verticibus praeruptis.

inde pater divum sancta cum coniuge natisque

advenit, caelo te solum, Phoebe, relinquens

unigenamque simul cultricem montibus Idri: 300

Pelea nam tecum pariter soror aspernata est

nec Thetidis taedas voluit celebrare iugalis.

   qui postquam niveis flexerunt sedibus artus,

large multiplici constructae sunt dape mensae,

cum interea infirmo quatientes corpora motu   305

veridicos Parcae coeperunt edere cantus.

his corpus tremulum complectens undique vestis

candida purpurea talos incinxerat ora,

at roseae niveo residebant vertice vittae,

aeternumque manus carpebant rite laborem.   310

laeva colum molli lana retinebat amictum,

dextera tum leviter deducens fila supinis

formabat digitis, tum prono in pollice torquens

libratum tereti versabat turbine fusum,

atque ita decerpens aequabat semper opus dens,   315

laneaque aridulis haerebant morsa labellis

Die er geduldet dereinst, mit Ketten geschmiedet die
    nackten
Glieder ans schroffe Gestein und hängend jäh über dem
    Abgrund.
Endlich erschien der Vater der Götter, mit ihm die Gemahlin
Und die Kinder; allein dich, Phoebus, ließ er im Himmel,
Dich und die Zwillingsschwester, die thront auf den
    Höhen des Idrus:
Denn ihr beide verschmähtet in gleicher Gesinnung den
    Peleus,
Wolltet nicht sehen den Schein von den Hochzeitsfackeln
    der Thetis.
Als auf den glänzenden Thronen die Himmlischen
    Platz nun genommen,
Wurden die Tafeln bedeckt aufs reichste mit mancherlei
    Speisen,
Während indessen, die hageren Körper leise bewegend,
Zukunftkündende Lieder begannen zu singen die Parzen.
Weit umhüllet den zitternden Leib mit langen Gewändern,
Milchweißglänzend, nur unten am Knöchel ein purpurner
    Saumstreif,
Stolz um die schneeigen Locken das rosafarbige Stirnband,
Schufen die drei mit sicherer Hand ihr ewiges Tagwerk.
Während die Linke den Rocken, den wollebekleideten,
    festhielt,
Formte die Rechte den Zwirn sanft abwärtsziehend mit
    spitzen
Fingern und drehte, den Daumen gebogen, die wirbelnde
    Spindel
Rascher und rascher im Kreis um die zierlich gedrechselte
    Haspel.
Aber wenn hier oder dort im Gespinste ein Fädchen sich
    sträubte,
Rissen sie's weg mit dem Zahn, daß glatt sich hielte die
    Arbeit,

quae prius in levi fuerant exstantia filo.
ante pedes autem candentis mollia lanae
vellera virgati custodibant calathisci.
haec tum clarisona vellentes vellera voce   320
talia divino fuderunt carmine fata,
carmine perfidiae quod post nulla arguet aetas:
  'o decus eximium magnis virtutibus augens,
Emathiae tutamen, Opis carissime nato,
accipe quod laeta tibi pandunt luce sorores,   325
veridicum oraclum. sed vos, quae fata sequuntur,
currite ducentes subtegmina, currite, fusi.
  adveniet tibi iam portans optata maritis
Hesperus, adveniet fausto cum sidere coniunx,
quae tibi flexanimo mentem perfundat amore   330
languidulosque paret tecum coniungere somnos
levia substernens robusto bracchia collo.
currite ducentes subtegmina, currite, fusi.
  nulla domus tales umquam contexit amores,
nullus amor tali coniunxit foedere amantes   335
qualis adest Thetidi, qualis concordia Peleo.
currite ducentes subtegmina, currite, fusi.
  nascetur vobis expers terroris Achilles,
hostibus haud tergo, sed forti pectore notus,

Und an den trockenen Lippen dann hing das zerbiss'ne
Gefaser.
Doch zu den Füßen der drei, in rutengeflochtenen Körbchen,
Lagen die duftigen Flocken verwahrt der schimmernden
Wolle.
Also spinnend begannen die Parzen mit tönender Stimme
Jetzt dies Schicksalslied aus göttlichem Munde zu singen,
Jenen Gesang, den nimmer des Trugs wird zeihen die
Nachwelt:
„Der du ererbten Ruhm durch erhabene Tugenden
mehrest,
Hort der thessalischen Macht, des gewaltigen Juppiter
Liebling,
Lauschend vernimm am Tage der Freude der Schicksals-
schwestern
Wahrheitkündendes Wort! Doch ihr, Vorboten des
Schicksals,
Laufet dahin, ihr Spindeln, und spinnt im Laufe die Fäden!
Bald, bald nahet er dir, der bringt, was Männer ersehnen,
Hesperus; mit ihm naht, dem beglückenden Sterne, die
Gattin,
Um mit der Liebe Gewalt zu bezaubern dein innerstes Wesen,
Um sich mit dir zu verbinden zu lösenden Schlummers
Erquickung,
Unter den üppigen Nacken die Lilienarme dir schmiegend.
Laufet dahin, ihr Spindeln, und spinnt im Laufe die Fäden!
Nimmer noch schirmte ein irdisches Dach so selige Minne,
Nie hat Amor vereint zwei Herzen zu schönerem Bündnis,
Wie in herzlicher Eintracht sich Peleus und Thetis ver-
bunden.
Laufet dahin, ihr Spindeln, und spinnt im Laufe die Fäden!
Ihr sollt zeugen den Helden, der Furcht nicht kennt, den
Achilleus,
Welcher die tapfere Brust, doch nimmer den Rücken dem
Feind zeigt,

qui persaepe vago victor certamine cursus   340
flammea praevertet celeris vestigia cervae.
currite ducentes subtegmina, currite, fusi.
    non illi quisquam bello se conferet heros,
cum Phrygii Teucro manabunt sanguine campi
Troicaque obsidens longinquo moenia bello   345
periuri Pelopis vastabit tertius heres.
currite ducentes subtegmina, currite, fusi.
    illius egregias virtutes claraque facta
saepe fatebuntur gnatorum in funere matres,
cum incultum cano solvent a vertice crinem   350
putridaque infirmis variabunt pectora palmis.
currite ducentes subtegmina, currite, fusi.
    namque velut densas praecerpens messor aristas
sole sub ardenti flaventia demetit arva,
Troiugenum infesto prosternet corpora ferro.   355
currite ducentes subtegmina, currite, fusi.
    testis erit magnis virtutibus unda Scamandri,
quae passim rapido diffunditur Hellesponto,
cuius iter caesis angustans corporum acervis
alta tepefaciet permixta flumina caede.   360
currite ducentes subtegmina, currite, fusi.
    denique testis erit morti quoque reddita praeda,
cum teres excelso coacervatum aggere bustum

Der, unzählige Mal siegreich im hurtigen Wettlauf,
Selber den flüchtigen Hirsch überholt, der blitzschnell
dahinschießt.
Laufet dahin, ihr Spindeln, und spinnt im Laufe die Fäden!
Ihm wird einst in der Schlacht kein anderer Held sich
vergleichen,
Wenn von Trojas Blut wird triefen die phrygische Walstatt,
Wenn aus deinem Geschlecht, arglistiger Pelops, der dritte
Erbe die troischen Mauern verheert nach langer Be-
lagrung.
Laufet dahin, ihr Spindeln, und spinnt im Laufe die Fäden!
Seiner erhabenen Tugenden Ruhm und glänzende Taten
Wird noch oft eine Mutter am Grabe des Sohnes verkünden,
Wenn sie das silberne Haar sich rauft und mit Asche be-
streuet
Und die verwelkende Brust mit zitternden Händen sich
wund schlägt.
Laufet dahin, ihr Spindeln, und spinnt im Laufe die Fäden!
Denn wie die wogende Saat, zur goldenen Ernte gereifet,
Mäht im glühenden Strahle der Sonne die Sichel des
Schnitters,
So streckt troische Leiber dahin sein schrecklicher Mord-
stahl.
Laufet dahin, ihr Spindeln, und spinnt im Laufe die Fäden!
Auch die Flut des Skamander wird zeugen von herrlichen
Taten:
Langsam fließt er und träge zum reißenden Hellespontus,
Wenn ihm der Weg versperrt mit Hügeln erschlagener
Helden
Und seine Fluten gewärmt mit dem Blut gemordeter Männer.
Laufet dahin, ihr Spindeln, und spinnt im Laufe die Fäden!
Zeugen von ihm wird noch die dem Toten gewidmete
Beute,
Wenn auf dem Hügel des Grabs, das zum ragenden Walle
sich türmet,

excipiet niveos perculsae virginis artus.
currite ducentes subtegmina, currite, fusi.   365
    nam simulac fessis dederit fors copiam Achivis
urbis Dardaniae Neptunia solvere vincla,
alta Polyxenia madefient caede sepulcra,
quae, velut ancipiti succumbens victima ferro,
proiciet truncum summisso poplite corpus.   370
currite ducentes subtegmina, currite, fusi.
    quare agite optatos animi coniungite amores.
accipiat coniunx felici foedere divam,
dedatur cupido iamdudum nupta marito.
currite ducentes subtegmina, currite, fusi.   375
    non illam nutrix orienti luce revisens
hesterno collum poterit circumdare filo
(currite ducentes subtegmina, currite, fusi),
anxia nec mater discordis maesta puellae
secubitu caros mittet sperare nepotes.   380
currite ducentes subtegmina, currite, fusi.'
    talia praefantes quondam felicia Pelei
carmina divino cecinerunt pectore Parcae.
praesentes namque ante domos invisere castas
heroum et sese mortali ostendere coetu   385
caelicolae nondum spreta pietate solebant.

Einst der geopferten Braut weiß schimmernde Glieder man
                  darbringt.
Laufet dahin, ihr Spindeln, und spinnt im Laufe die Fäden!
  Denn sobald das Geschick den ermüdeten Griechen
                  gestattet,
Iliums heilige Mauern zu sprengen, das Werk des Neptunus,
Wird das erhabene Grab vom Blute Polyxenas triefen,
Vom zweischneidigen Stahl wie ein Opferlamm wird sie
                  getroffen,
Sinkt in die Knie und stürzet dahin, ein verstümmelter
                  Leichnam.
Laufet dahin, ihr Spindeln, und spinnt im Laufe die Fäden!
  Auf denn zum Glück, ihr zwei, zu der längst ersehnten
                  Verbindung!
Laßt den Gemahl sich erfreuen des seligen Bunds mit der
                  Göttin,
Gebt ihm endlich die Braut in den Arm, dem liebenden
                  Gatten.
Laufet dahin, ihr Spindeln, und spinnt im Laufe die Fäden!
  Kommt mit dem Grauen des Tags dienstfertig die
                  Amme herein dann,
Nicht mehr legt sie wie gestern dir an jungfräulichen Hals-
                  schmuck,
(Laufet dahin, ihr Spindeln, und spinnt im Laufe die Fäden!)
Und die Mutter wird nicht vergebens auf Enkelchen hoffen,
Nie durch ehlichen Zwist der schmollenden Tochter ge-
                  ängstigt.
Laufet dahin, ihr Spindeln, und spinnt im Laufe die
                  Fäden!"—
  Solch ein Zukunftslied, von Segen erfüllt und Verheißung,
Sangen dem Peleus einst prophetischen Geistes die Parzen.
Denn in früheren Zeiten, als Tugend auf Erden noch wohnte,
Stiegen die Himmlischen oft sichtbar in die fromme Be-
                  hausung
Unserer Väter herab und zeigten sich irdischen Augen.

saepe pater divum templo in fulgente revisens,

annua cum festis venissent sacra diebus,

conspexit terra centum procumbere tauros

saepe vagus Liber Parnasi vertice summo 390

Thyiadas effusis euantis crinibus egit,

cum Delphi tota certatim ex urbe ruentes

acciperent laeti divum fumantibus aris.

saepe in letifero belli certamine Mavors

aut rapidi Tritonis era aut Rhamnusia virgo 395

armatas hominum est praesens hortata catervas.

sed postquam tellus scelere est imbuta nefando,

iustitiamque omnes cupida de mente fugarunt,

perfudere manus fraterno sanguine fratres,

destitit exstinctos natus lugere parentes, 400

optavit genitor primaevi funera nati

liber ut innuptae poteretur flore novercae,

ignaro mater substernens se impia nato

impia non verita est divos scelerare parentes,

omnia fanda nefanda malo permixta furore 405

iustificam nobis mentem avertere deorum.

quare nec talis dignantur visere coetus

nec se contingi patiuntur lumine claro.

Oftmals kam in den prangenden Tempel der Vater der
    Götter,
Wenn sein jährliches Fest am heiligen Tag sich erneute,
Sah dann zu seinen Füßen die Stierhekatomben ge-
    schlachtet;
Oder es trieb vom hohen Parnaß Gott Bacchus, der
    Schwärmer,
Jubelberauschte Thyiaden mit flatternden Haaren zum
    Festzug,
Wenn ganz Delphi geschart aus den Toren entgegen ihm
    eilte,
Freudig empfangend den Gott an rauchumwallten Altären.
Oft auch mischte sich Mars in blutiger Schlachten Ent-
    scheidung,
Oder den kämpfenden Helden erschien, aufmunternd die
    Reihen,
Pallas vom Tritonstrom, ja Nemesis selber von Rhamnus.
Doch seitdem sich die Erde mit Frevel und Greueln be-
    fleckt hat,
Seit habsüchtigen Herzens die Menschen verachten, was
    recht ist,
Brüder die Hand getaucht ruchlos ins Blut ihres Bruders,
Kinder zu weinen verlernt beim Tode der eigenen Eltern,
Seit ein Vater sich sehnt nach dem Tod des blühenden
    Sohnes,
Nur um frei zu genießen die Liebe der zweiten Gemahlin,
Seit eine Mutter frech sich preisgab schnöder Umarmung,
Täuschend den eigenen Sohn, urheilige Satzung ver-
    letzend —
Seitdem hat die unsägliche Fülle ruchloser Frevel
Von uns gewendet das Herz der gerechtigkeitliebenden
    Götter;
Nicht mehr achten sie würdig die Menschen ihrer Ge-
    meinschaft,
Nicht mehr darf ihr Antlitz schaun ein irdisches Auge.

65

Etsi me assiduo defectum cura dolore
    sevocat a doctis, Ortale, virginibus,
nec potis est dulcis Musarum expromere fetus
    mens animi: tantis fluctuat ipsa malis: —
namque mei nuper Lethaeo gurgite fratris   5
    pallidulum manans alluit unda pedem,
Troia Rhoeteo quem subter litore tellus
    ereptum nostris obterit ex oculis.
    .   .   .   .

numquam ego te vita frater amabilior   10
adspiciam posthac: at certe semper amabo,
    semper maesta tua carmina morte canam,
qualia sub densis ramorum concinit umbris
    Daulias absumpti fata gemens Ityli: —
sed tamen in tantis maeroribus, Ortale, mitto   15
    haec expressa tibi carmina Battiadae,
ne tua dicta vagis nequiquam credita ventis
    effluxisse meo forte putes animo,
ut missum sponsi furtivo munere malum
    procurrit casto virginis e gremio,   20
quod miserae oblitae molli sub veste locatum,
    dum adventu matris prosilit, excutitur;
atque illud prono praeceps agitur decursu,
    huic manat tristi conscius ore rubor.

66

Omnia qui magni dispexit lumina mundi,
    qui stellarum ortus comperit atque obitus,

BEGLEITBRIEF
zur Übersetzung einer Elegie des Kallimachos

Hat mich, Ortalus, auch dem Dienst der sinnigen Schwestern
  Mit hartnäckigem Schmerz zehrende Trauer entrückt,
Kann ich auch nimmer im Geist die lieblichen Früchte der Musen
  Zeitigen — ach, so hoch schlagen die Wogen des Wehs!
Haben doch unlängst erst die wirbelnden Strudel der Lethe
  Den erbleichenden Fuß schäumend dem Bruder benetzt;
Und nun ruht er modernd im Grund der troischen Erde
  Am rhöteischen Strand, unseren Augen so fern! —
Nimmer soll ich nun dir, mein Bruder, ins Antlitz schauen,
  Ach, mein Leben, es war nicht mir so teuer wie du!
Aber es soll die Liebe zu dir mir nimmer erlöschen,
  Nimmer ermattend tön', Bruder, mein Klagegesang,
Wie in dem dämmernden Dunkel der dichtverschlungenen Zweige
  Flötend die Nachtigall seufzet um Itylus' Tod! —
Doch trotz all der Fülle der Grams, mein Ortalus, send' ich
  Dir im Römergewand hier des Kallimachos Lied,
Daß du nicht glaubest, ich habe dein Wort den flüchtigen Winden
  Anvertrauet, es sei mir aus den Sinnen entschlüpft,
Wie von der Jungfrau züchtigem Schoß entrollet der Apfel,
  Den ihr der Liebende grad heimlich als Zeichen gesandt;
Ach, die Arme vergaß, daß dort sie im Kleid ihn geborgen,
  Und wie die Mutter nun kommt, rafft sie sich hastig empor:
Hei, da springt der Verräter dahin und kollert am Boden,
  Aber die Schuldige glüht heiß in errötender Scham.

DIE LOCKE DER BERENIKE
Übersetzung einer Elegie des Kallimachos

Der die unzähligen Lichter des Weltraums alle erforscht hat
  Und von jedem Gestirn Aufgang und Untergang weiß,

flammeus ut rapidi solis nitor obscuretur,
    ut cedant certis sidera temporibus,
ut Triviam furtim sub Latmia saxa relegans   5
    dulcis amor gyro devocet aerio,
idem me ille Conon caelesti in lumine vidit
    e Bereniceo vertice caesariem
fulgentem clare, quam cunctis illa deorum
    levia protendens bracchia pollicita est,   10
qua rex tempestate novo auctus hymenaeo
    vastatum finis iverat Assyrios,
dulcia nocturnae portans vestigia rixae
    quam de virgineis gesserat exuviis.
estne novis nuptis odio Venus, anne parentum   15
    frustrantur falsis gaudia lacrimulis,
ubertim thalami quas intra limina fundunt?
    non, ita me divi, vera gemunt, iuerint!
id mea me multis docuit regina querelis
    invisente novo proelia torva viro.   20
an tu non orbum luxti deserta cubile,
    sed fratris cari flebile discidium?
quam penitus maestas exedit cura medullas!
    ut tibi tunc toto pectore sollicitae
sensibus ereptis mens excidit! at te ego certe   25
    cognoram a parva virgine magnanimam.

Wie sich der feurige Glanz der enteilenden Sonne ver-
dunkelt
Und zur bestimmten Zeit jedes Gestirn sich entfernt,
Wie vom Himmel hinweg sich hinter die Latmische Fels-
wand
Trivia stiehlt, um dort sich mit dem Buhlen zu freun,
Eben der Konon sah am leuchtenden Himmel erglänzen
Mich, das lockige Haar von Berenikes Stirn,
Das sie, die Lilienarme zum Himmel erhebend, an jenem
Tage zum Weihegeschenk sämtlichen Göttern versprach,
Als, soeben beglückt durch Hymens Fackel, der König
In der Assyrer Reich trug den verheerenden Krieg,
Noch mit der Wunde gezeichnet, der süßen, vom nächt-
lichen Kampfe,
Als er der Jungfernschaft Beute sich siegend erstritt.
Ist denn Venus den Bräuten verhaßt? wird die Freude der
Eltern
Nicht nur zum Schein durch falsch rinnende Tränen
enttäuscht,
Die in der bräutlichen Kammer Verschluß sie so reichlich
vergießen?
Nein, beim Juppiter! Ernst ist es den Weinenden nicht!
Das hat die Königin selbst durch die rührenden Klagen
bewiesen,
Als ihr junger Gemahl zog in die grimmige Schlacht.
Oder bejammertest du nicht so das verödete Lager,
Galt es der Trennung vom treu liebenden Bruder allein?
Ach, wie tief in das Mark der verzehrende Schmerz sich
wühlte!
Wie er erschütternd dich traf! aus der beklommenen
Brust
Alle Kraft und Besinnung dir nahm! Und wahrlich, ich
weiß doch,
Daß du schon früh dich gezeigt als ein entschlossenes
Kind!

anne bonum oblita es facinus, quo regium adepta es
 coniugium, quod non fortior ausit alis?
sed tum maesta virum mittens quae verba locuta es!
 Iuppiter, ut tristi lumina saepe manu!   30
quis te mutavit tantus deus? an quod amantes
 non longe a caro corpore abesse volunt?
atque ibi me cunctis pro dulci coniuge divis
 non sine taurino sanguine pollicita es,
si reditum tetulisset: is haud in tempore longo 35
 captam Asiam Aegypti finibus addiderat:
quis ego pro factis caelesti reddita coetu
 pristina vota novo munere dissoluo.
invita, o regina, tuo de vertice cessi,
 invita: adiuro teque tuumque caput: 40
digna ferat quod si quis inaniter adiurarit:
 sed qui se ferro postulet esse parem?
ille quoque eversus mons est quem maximum in oris
 progenies Thiae clara supervehitur,
cum Medi peperere novum mare, cumque iuventus 45
 per medium classi barbara navit Athon.
quid facient crines, cum ferro talia cedant?
 Iuppiter, ut Chalybon omne genus pereat,
et qui principio sub terra quaerere venas
 institit ac ferri fingere duritiem!   50
abiunctae paulo ante comae mea fata sorores
 lugebant, cum se Memnonis Aethiopis
unigena impellens nutantibus aera pennis
 obtulit Arsinoes Locridos ales equus,
isque per aetherias me tollens avolat umbras 55

Oder gedenkst du nimmer der Tat, wodurch du des Königs
    Lager errangest? der Tat, würdig des tapfersten Arms?
Aber zum Abschied dort, wie traurig klangen die Worte,
    Ach, und wie oft mit der Hand riebst du die Äuglein dir
          wund!
Wandelte denn ein gewaltiger Gott dich? oder ist niemals
    Gern von dem teuern Leib lange der Liebende fern?
Und so gelobte sie mich als Gabe den Himmlischen allen,
    Blutige Opfer dazu, wenn in die Heimat zurück
Käme der süße Gemahl. Und gar bald erschien er als Sieger,
    Der mit Ägyptens Reich Asien hatte vereint.
Dafür brachte sie mich nunmehr zum Opfer dem Himmel,
    Daß ich bezahle die Schuld, welche sie einstmals gelobt.
Zwar nur ungern schied ich von deinem Scheitel, o Fürstin,
    Ungern, ich schwör's bei dir, deinem geheiligten Haupt,
Das kein Frevler entweihe durch Meineid, ohne zu büßen;
    Doch wer möchte den Kampf wider das Eisen bestehn?
Ward nicht selbst das Gebirge vom Eisen durchschnitten,
          das größte,
    Welches der Thia Sohn Helios golden bestrahlt,
Als sich der Perser erschuf ein Meer, und durch den ge-
          borstnen
    Athos mitten hindurch Asiens Flotte sich wand?
Felsen erliegen dem Eisen — was kann eine Locke beginnen?
    Tilge der Chalyber Stamm, Juppiter, tilge auch den,
Der in der Erde zuerst aufspürte die Adern des Erzes,
    Und zu schmieden zuerst lehrte das harte Metall!
Frisch noch beklagten die Schwestern das Schicksal, daß
          ich vom Scheitel
    Wäre getrennt, als die Luft rasch mit der Fittiche
          Schwung
Trennend der Zwillingsbruder des äthiopischen Memnon,
    Jenes geflügelte Roß naht, das Arsinoe trug;
Schwebte mit mir empor durch den nächtlichen Äther und
          legte

et Veneris casto collocat in gremio.
ipsa suum Zephyritis eo famulum legarat,
    Graia Canopiis incola litoribus,
hic liquidi vario ne solum in lumine caeli
    ex Ariadneis aurea temporibus   60
fixa corona foret, sed nos quoque fulgeremus,
    devotae flavi verticis exuviae,
uvidulam a fletu cedentem ad templa deum me
    sidus in antiquis diva novum posuit:
virginis et saevi contingens namque Leonis   65
    lumina, Callisto iuncta Lycaoniae,
vertor in occasum, tardum dux ante Booten,
    qui vix sero alto mergitur Oceano.
sed quamquam me nocte premunt vestigia divum,
    lux autem canae Tethyi restituit,   70
(pace tua fari hic liceat, Rhamnusia virgo:
    namque ego non ullo vera timore tegam,
nec si me infestis discerpent sidera dictis,
    condita quin veri pectoris evoluam)
non his tam laetor rebus quam me afore semper,   75
    afore me a dominae vertice discrucior,
quicum ego, dum virgo curis fuit omnibus expers,
    unguenti Syrii milia multa bibi.
nunc vos optato quas iunxit lumine taeda,

Nieder mich dann bei dir, Venus, im züchtigen Schoß.
Denn sie selbst, Zephyritis, entsandte dorthin ihren Boten,
  Sie, einst Griechin und nun Gast des Kanopischen Lands,
Daß in dem bunten Gemisch der schimmernden Lichter des
  Himmels
  Nicht Ariadne nur strahl' in dem goldenen Kranz,
Welcher die Stirn ihr einstens geziert, daß neben ihr leuchte
  Ich, ihres blonden Haupts Schmuck, der den Göttern
  geweiht.
Noch von den Tränen benetzt, die mich zum Tempel
  geleitet,
  Ward ich als jüngstes Gestirn unter die alten versetzt,
Wo ich, der Jungfrau Licht und des grimmigen Löwen
  berührend,
  Mit des Lykaon Kind, mit der Kallisto, vereint,
Mich gen Abend bewege, als Führer des trägen Bootes,
  Welcher in säumendem Lauf nieder zum Ozean taucht.
Aber obwohl mich bei Nacht der Unsterblichen Füße be-
  rühren,
  Und in der Tethys Schoß wieder der Morgen versenkt,
(Laß es mich offen und frei aussprechen, Rhamnusische
  Jungfrau:
  Denn nie werd' ich, bei Gott, Wahres verhüllen aus
  Furcht,
Würden mich auch mit Worten des Hasses zerreißen die
  Sterne,
  Was ich als Wahrheit erkannt, offen bekenn' ich's der
  Welt)
Dennoch ist größer noch als mein Glück mein Jammer,
  auf ewig,
  Ewig geschieden zu sein von der Gebieterin Haupt,
Mit ihr hab' ich ja, da sie als Kind noch sorgenlos lebte,
  Oft am köstlichen Trank syrischen Öls mich gelabt.
Doch ihr, welche mit glücklichem Scheine die Fackel
  vereinte,

non prius unanimis corpora coniugibus 80
tradite nudantes reiecta veste papillas,
   quam iucunda mihi munera libet onyx,
vester onyx, casto colitis quae iura cubili.
   sed quae se impuro dedit adulterio,
illius ah mala dona levis bibat irrita pulvis: 85
   namque ego ab indignis praemia nulla peto.
sed magis, o nuptae, semper concordia vestras,
   semper amor sedes incolat assiduus.
tu vero, regina, tuens cum sidera divam
   placabis festis luminibus Venerem, 90
unguinis expertem non siris esse tuam me,
   sed potius largis affice muneribus.
sidera cur retinent? utinam coma regia fiam!
   proximus Hydrochoi fulgeret Oarion.

67

O dulci iucunda viro, iucunda parenti,
   salve, teque bona Iuppiter auctet ope,
ianua, quam Balbo dicunt servisse benigne
   olim, cum sedes ipse senex tenuit,
quamque ferunt rursus voto servisse maligne, 5
   postquam es porrecto facta marita sene,
dic agedum nobis quare mutata feraris
   in dominum veterem deseruisse fidem.

Gebet den Leib nicht hin eher dem trauten Gemahl,
Löset den Gürtel ihm nicht, der sittsam die Brust euch
verhüllet,
Ehe der Onyx mir freundliche Spenden geweiht,
Spenden von euch, die züchtig die ehliche Treue bewahren.
Aber wenn frech sich mir nahet ein buhlerisch Weib,
Trinke der lockere Staub die verhaßte vergebliche Spende!
Von unwürdiger Hand nehm' ich die Gabe nicht an.
Doch bei euch mag herrschen, ihr Gattinnen, ewige Ein-
tracht,
Stets soll Liebe bei euch wohnen und walten im Haus.
Und du, Königin, blickst du hinauf zu den Sternen des
Himmels,
Wenn du am festlichen Tag Venus, die Göttin, verehrst,
Wirst du vom Salböl mir, die dein einst war, einen Anteil
Nicht versagen und mich ehren mit reichem Geschenk.
Doch warum hält mich der Himmel? Ich möchte zum Haupt
meiner Fürstin!
Mag dann Orions Gestirn nahe beim Wassermann stehn.

STADTKLATSCH AUS VERONA
(Gespräch mit einer Tür)

Der Dichter:

Du, die gefällig dem lieben Gemahl, gefällig dem Vater,
Sei mir gegrüßt, und die Huld Juppiters fördere dich,
Tür, die früher den Balbus — so heißt es — ehrlich
bediente,
Einst, da der alte Herr hütete selber das Haus,
Die, wie man weiter erzählt, jetzt schlimme Wünsche
bediente,
Seit der Alte verstarb und in die Ehe du tratst.
Sprich und erkläre uns nur, wie's kommt, daß so du ver-
wandelt
Gegen den Herrn nicht mehr zeigst die bisherige Treu'.

'non (ita Caecilio placeam, cui tradita nunc sum)

    culpa mea est, quamquam dicitur esse mea,   10

nec peccatum a me quisquam pote dicere quicquam:

    verum istis populis ianua quidque facit!

qui, quacumque aliquid reperitur non bene factum,

    ad me omnes clamant: ianua, culpa tua est.'

non istuc satis est uno te dicere verbo,   15

    sed facere ut quivis sentiat et videat.

'qui possum? nemo quaerit nec scire laborat.'

    nos volumus; nobis dicere ne dubita.

'primum igitur, virgo quod fertur tradita nobis,

    falsum est. non illam vir prior attigerit,   20

languidior tenera cui pendens sicula beta

    numquam se mediam sustulit ad tunicam:

sed pater illius gnati violasse cubile

    dicitur et miseram conscelerasse domum,

sive quod impia mens caeco flagrabat amore,   25

    seu quod iners sterili semine natus erat

et quaerendus is unde foret nervosius illud,

    quod posset zonam solvere virgineam.'

egregium narras mira pietate parentem,

    qui ipse sui gnati minxerit in gremium.   30

Die Tür:
Ich, so wahr mir Caecilius lieb, mein neuer Gebieter,
  Ich bin wahrlich nicht schuld, werd' ich auch schuldig
    genannt;
Mir soll keiner im Ernst das geringste Vergehn nachsagen,
  Doch das törichte Volk traut ja der Tür alles zu,
Und wo irgend einmal was Unanständiges vorkommt,
  Gleich wie aus einem Mund schrein sie: Die Tür hat's
    getan!

Der Dichter:
Meinst du, es wäre genug, dies nur zu behaupten? Be-
    weis' es,
  Daß es ein jeder auch glaubt, wenn er mit Augen es sieht.

Die Tür:
Kann ich denn? Niemand fragt und niemand möchte be-
    lehrt sein!

Der Dichter:
Ei, w i r wünschen es, uns magst du berichten; nun sprich!

Die Tür:
Also zunächst: glaubt einer, daß unsere Herrin als Jungfrau
  Kam, der irrt! Der Gemahl freilich berührte sie nicht,
Dessen blöder Priap gewiß sein hängendes Köpfchen
  Niemals höher hinauf gegen die Tunika hob.
Aber der Vater bestieg, sagt man, des betrogenen Sohnes
  Bett und brachte die Schmach, brachte den Frevel ins
    Haus,
Sei's, daß blinde Begier ihm jäh in die Glieder gefahren,
  Sei's, weil dem trägen Sohn Kinder zu zeugen versagt,
Daß man irgendwo suchte ein muskulöseres Etwas,
  Dem sich löse der jungfräuliche Gürtel der Braut.

Der Dichter:
Was du erzählst! Zum Erstaunen! ein exemplarischer
    Vater,
  Welcher dem eigenen Sohn hat in die Tasche gepißt.

'atqui non solum hoc se dicit cognitum habere
    Brixia Cygneae supposita speculae,
flavus quam molli percurrit flumine Mella,
    Brixia, Veronae mater amata meae,
sed de Postumio et Corneli narrat amore,   35
    cum quibus illa malum fecit adulterium.
dixerit hic aliquis: quid? tu istaec, ianua, nosti,
    cui numquam domini limine abesse licet,
nec populum auscultare, sed hic suffixa tigillo
    tantum operire soles aut aperire domum?   40
saepe illam audivi furtiva voce loquentem
    solam cum ancillis haec sua flagitia,
nomine dicentem quos diximus, ut pote quae mi
    speret nec linguam esse nec auriculam.
praeterea addebat quendam, quem dicere nolo   45
    nomine ne tollat rubra supercilia.
longus homo est, magnas cui lites intulit olim
    falsum mendaci ventre puerperium.'

68

Quod mihi fortuna casuque oppressus acerbo
    conscriptum hoc lacrimis mittis epistolium,
naufragum ut eiectum spumantibus aequoris undis
    sublevem et a mortis limine restituam,
quem neque sancta Venus molli requiescere somno   5

Die Tür:
Und dies ist nicht alles, wovon uns weiß zu erzählen
  Brixia, unten im Tal neben der cygnischen Burg,
Wo mit ruhigem Strom hingleitet der gelbliche Mella,
  Mir als die Mutterstadt meines Verona vertraut,
Brixia sagt, mit Postumius hatte die Frau eine Liebschaft,
  Mit Cornelius auch, Ehebruch trieb sie zu zwein.
Nun meint einer vielleicht: „Wie kannst du das wissen als
      Türe,
  Die von der Schwelle des Herrn niemals sich wegrühren
      darf,
  Nie in der Stadt umhorchen, nein, hier an den Pfosten
      gefesselt
  Immer nur öffnet das Haus und es dann wieder ver-
      schließt?“
Mehr als einmal hört' ich sie selbst mit listiger Stimme
  Flüsternd den Mädchen allein ihre Geschichtchen ver-
      traun,
  Hörte die Namen dabei, die bezeichneten; denn sie ver-
      mutet
  Weder ein Zünglein, noch lauschende Ohren bei mir.
Einen nannte sie noch, den aber will ich verschweigen,
  Da er die Augenbraun sonst drohend, die roten, erhebt:
Einen von langer Gestalt, dem ehmals große Prozesse
  Brachte das Lügengespinst einer fingierten Geburt.

AN ALLIUS
Daß du, niedergedrückt vom schmerzenden Joche des
      Kummers,
  Mir dies Briefchen gesandt, drin du mit Tränen im Aug'
Flehst, ich soll aus der schäumenden Flut den Gestrandeten
      reißen,
  Noch an der Schwelle des Grabs wiedergewinnen dem
      Licht,
Dem der Venus heilige Macht den labenden Schlummer

desertum in lecto caelibe perpetitur,
nec veterum dulci scriptorum carmine Musae
    oblectant, cum mens anxia pervigilat,
id gratum est mihi, me quoniam tibi dicis amicum
    muneraque et Musarum hinc petis et Veneris.   10
sed tibi ne mea sint ignota incommoda, Mani,
    neu me odisse putes hospitis officium,
accipe quis merser fortunae fluctibus ipse,
    ne amplius a misero dona beata petas.
tempore quo primum vestis mihi tradita pura est,   15
    iucundum cum aetas florida ver ageret,
multa satis lusi; non est dea nescia nostri,
    quae dulcem curis miscet amaritiem:
sed totum hoc studium luctu fraterna mihi mors
    abstulit. o misero frater adempte mihi,   20
tu mea tu moriens fregisti commoda, frater,
    tecum una tota est nostra sepulta domus,
omnia tecum una perierunt gaudia nostra,
    quae tuus in vita dulcis alebat amor.
cuius ego interitu tota de mente fugavi   25
    haec studia atque omnes delicias animi.
quare, quod scribis Veronae turpe Catullo
    esse, quod hic quisquis de meliore nota
frigida deserto tepefactet membra cubili,
    id, Mani, non est turpe, magis miserum est.   30
ignosces igitur, si, quae mihi luctus ademit,
    haec tibi non tribuo munera, cum nequeo.
    nam quod scriptorum non magna est copia apud me,

Fortscheucht, wenn er allein ruht im verödeten Bett,
Dem mit süßem Gesang vergangener Zeiten die Musen
 Nicht mehr stillen den Schmerz, wenn er die Nächte
   durchwacht:
O, wie dank' ich es dir, dies Zeichen lauterer Freundschaft,
 Daß du von mir ein Lied, Worte der Liebe begehrst!
Aber damit dir nicht mein eigener Kummer verborgen,
 Du nicht wähnest, ich sei taub dem Gebote der Pflicht,
Höre, wie rings mich selbst des Schicksals Fluten um-
   dräuen,
 Und nie wieder begehr' Trost, wo er selber gebricht.
Einst wohl, als mich der Lenz glückseliger Jugend umblühte,
 Als ich zuerst mit Stolz wandelt' im Männergewand,
Trieb ich der losen Scherze genug; wohl kennt sie die
   Göttin,
 Die uns im Becher der Lust süßeste Bitternis mischt.
All dies Treiben verstummte mit eins in düsterer Trauer,
 Als mir Armen der Tod plötzlich den Bruder geraubt!
Sterbend hast du mir all mein Glück, o Bruder, zer-
   trümmert;
 Ach, unser ganzes Haus sank in die Tiefe mit dir!
Mit dir schwanden mir alle dahin die Freuden des Lebens,
 Die dein zärtliches Herz hegte in liebender Hut! —
Seit er mir starb, verbannt' ich den Scherz aus allen Ge-
   danken,
 Schloß den trauernden Sinn jeder verlockenden Lust.
Schreibst du daher: „In Verona zu sein, ist Schmach und
   Schande
 Für den Catull; dort sucht, wer nur ein besserer Mann,
Einsam im öden Bett zu wärmen die frostigen Glieder,"
 Wisse: nicht Schande, noch Schmach, eher bedauerlich
   ist's.
Und so verzeihe, wenn ich, was mir die Trauer entrissen,
 Nicht zum Liede gestalt'; ach, ich vermag es ja nicht.
Hab' ich doch auch zurzeit nur wenig Bücher in Händen;

hoc fit quod Romae vivimus: illa domus,
illa mihi sedes, illic mea carpitur aetas;   35
   huc una ex multis capsula me sequitur.
quod cum ita sit, nolim statuas nos mente maligna
   id facere aut animo non satis ingenuo,
quod tibi non utriusque petenti copia posta est:
   ultro ego deferrem, copia siqua foret. —   40
non possum reticere, deae, qua me Allius in re
   iuverit aut quantis iuverit officiis,
ne fugiens saeclis obliviscentibus aetas
   illius hoc caeca nocte tegat studium:
sed dicam vobis, vos porro dicite multis   45
   milibus et facite haec charta loquatur anus

   .   .   .   .

   notescatque magis mortuus atque magis,
nec tenuem texens sublimis aranea telam
   in deserto Alli nomine opus faciat.   50
nam mihi quam dederit duplex Amathusia curam
   scitis, et in quo me corruerit genere,
cum tantum arderem quantum Trinacria rupes
   lymphaque in Oetaeis Malia Thermopylis,
maesta neque assiduo tabescere lumina fletu   55
   cessarent tristique imbre madere genae,
qualis in aerii perlucens vertice montis
   rivus muscoso prosilit e lapide,
qui, cum de prona praeceps est valle volutus,
   per medium densi transit iter populi,   60
dulce viatori lasso in sudore levamen,
   cum gravis exustos aestus hiulcat agros.
hic, velut in nigro iactatis turbine nautis
   lenius aspirans aura secunda venit

Anders ist es in Rom, dort in dem eigenen Haus,
Wo mir im bleibenden Sitz die Jahre des Lebens verrinnen,
Hierher folgte mir ein Kästchen von vielen allein.
Also ist's! Drum glaube mir nicht, ich tu es aus Bosheit
Oder aus heimlichem Groll, den ich im Herzen versteck',
Wenn ich dir unerfüllt dein doppelt Begehren gelassen;
Hätt' ich nur, was du begehrst, böt' ich es selber dir an

Und doch kann ich es nicht, ihr Musen, kann's nicht ver-
schweigen,
Wie mir in schwerer Not Allius Hilfe gewährt.
Niemals soll die vergeßliche Zeit im rollenden Wechsel
Tief ins Dunkel der Nacht senken, was er mir getan!
Euch verkünd' ich es heut, ihr kündet es Tausenden weiter,
Und so töne das Lied bis in die späteste Zeit;
Nimmer vergehe des Lebenden Preis, und über dem Grabe
Steige des Toten Ruhm höher und höher empor;
Niemals mögen des Allius Bild im staubigen Winkel
Dicht mit feinem Geweb' emsige Spinnen umziehn. —
Was für zehrende Not die doppelzüngige Venus
Meinem Herzen erschuf, ach, das erfuhret ihr längst;
Da ich in Flammen stand, gleichwie der sizilische Ätna,
Wie bei Leonidas' Grab siedet der malische Quell,
Da die Augen mir trüb und blind vom ewigen Weinen,
Das wie Wolkenerguß über die Wangen mir floß;
Also stürzet ein Bach vom luftigen Scheitel des Berges
Sprühend im goldnen Licht aus dem bemoosten Gestein:
Lustig sprudelt er hin und schießt kopfüber zu Tale,
Kreuzt die Straße des Volks unten im weiten Gefild;
Köstlich kühlt er die triefende Stirn des ermatteten
Wandrers,
Wenn die schwebende Glut dörrend die Äcker zerreißt!
Da, wie den Schiffern in Nacht und Graus nach wirbelndem
Sturme
Endlich ein sanfterer Hauch freundlich als Retter erscheint,

iam prece Pollucis, iam Castoris implorata,   65
    tale fuit nobis Allius auxilium.
is clausum lato patefecit limite campum,
    isque domum nobis isque dedit dominam,
ad quam communes exerceremus amores.
    quo mea se molli candida diva pede   70
intulit et trito fulgentem in limine plantam
    innixa arguta constituit solea,
coniugis ut quondam flagrans advenit amore
    Protesilaeam Laodamia domum
inceptam frustra, nondum cum sanguine sacro   75
    hostia caelestis pacificasset eros.
nil mihi tam valde placeat, Rhamnusia virgo,
    quod temere invitis suscipiatur eris.
quam ieiuna pium desideret ara cruorem
    docta est amisso Laodamia viro,   80
coniugis ante coacta novi dimittere collum
    quam veniens una atque altera rursus hiems
noctibus in longis avidum saturasset amorem,
    posset ut abrupto vivere coniugio:
quod scibant Parcae non longo tempore abisse,   85
    si miles muros isset ad Iliacos:
nam tum Helenae raptu primores Argivorum
    coeperat ad sese Troia ciere viros,
Troia (nefas) commune sepulcrum Asiae Europaeque,
    Troia virum et virtutum omnium acerba cinis: 90
quaene etiam nostro letum miserabile fratri
    attulit, ei misero frater adempte mihi,
ei misero fratri iucundum lumen ademptum,
    tecum una tota est nostra sepulta domus,
omnia tecum una perierunt gaudia nostra,   95
    uae tuus in vita dulcis alebat amor.

Wenn sie den Pollux schon, den Castor flehend gerufen,
  So, zur Hilfe bereit, nahte sich Allius mir.
Er war's, der mich erlöst aus engumschließenden Schranken,
  Der mir das eigene Haus gab und die Herrin dazu,
Wo zu trautem Verein die Liebenden Obdach fanden,
  Wo die Göttliche mir schwebenden Schrittes genaht,
Wo an der Schwelle mir schon die knisternde feine Sandale
  Unter dem schimmernden Fuß leise ihr Kommen verriet,
Wo sie mir nahte, wie einst, aufflammend in Liebe zum
                                                    Gatten
  Protesilaus' Haus Laodamia betrat,
Das unselige, dem noch nicht des heiligen Blutes
  Opfererguß der Welt himmlische Herren versöhnt.
Möge mir nichts zu frechem Beginn, o Nemesis, wecken
  Unbezwingliche Gier ohne den Segen der Herrn!
Wie nach heiligem Blute lechzt der trockene Altar,
  Hat des Gatten Verlust Laodamia gelehrt.
Ach, der junge Gemahl entwand sich ihrer Umarmung,
  Eh' noch im Kreise des Jahrs Winter um Winter genaht,
Ihr in langen Nächten den Durst nach Liebe zu löschen,
  Daß sie auch ohne Gemahl weiter zu leben ertrüg'.
Aber die Parzen wußten es wohl, wie bald es ihr drohe,
  Wenn er als Krieger im Heer zöge vor Priamus' Stadt;
War doch eben erschollen der Ruf, der die Blüte der
                                                    Griechen
  Um der Helena Raub lockte zum troischen Strand. —
Troja! Troja, du Greul! Europens und Asiens Grabstatt!
  Troja, du schlimmer Tod, der du die Besten verschlangst!
Riß es denn nicht den Bruder mir auch in Todesgrausen?
  Und so bist du mir nun, Bruder, mir Armen geraubt!
Mir, dem Armen, dem Bruder, geraubt die Leuchte des
                                                    Trostes!
  Ja, unser ganzes Haus sank in die Tiefe mir dir!
Mit dir schwanden mir alle dahin die Freuden des Lebens,
  Die dein zärtliches Herz hegte in liebender Hut!

quem nunc tam longe non inter nota sepulcra
  nec prope cognatos compositum cineres,
sed Troia obscena, Troia infelice sepultum
  detinet extremo terra aliena solo.   100
ad quam tum properans fertur simul undique pubes
  Graeca penetralis deseruisse focos,
ne Paris abducta gavisus libera moecha
  otia pacato degeret in thalamo.
quo tibi tum casu, pulcherrima Laodamia,   105
  ereptum est vita dulcius atque anima
coniugium: tanto te absorbens vertice amoris
  aestus in abruptum detulerat barathrum,
quale ferunt Grai Pheneum prope Cylleneum
  siccare emulsa pingue palude solum,   110
quod quondam caesis montis fodisse medullis
  audit falsiparens Amphitryoniades,
tempore quo certa Stymphalia monstra sagitta
  perculit imperio deterioris eri,
pluribus ut caeli tereretur ianua divis,   115
  Hebe nec longa virginitate foret.
sed tuus altus amor barathro fuit altior illo,
  qui te iam domitam ferre iugum docuit.
nam nec tam carum confecto aetate parenti
  una caput seri nata nepotis alit,   120
qui, cum divitiis vix tandem inventus avitis
  nomen testatas intulit in tabulas,
impia derisi gentilis gaudia tollens
  suscitat a cano vulturium capiti:
nec tantum niveo gavisa est ulla columbo   125
  compar, quae multo dicitur improbius

Und nun ruhst du so weit, nicht unter befreundeten
    Gräbern,
Ruhst nicht nahe dem Staub lieber Verwandten gesellt;
Nein, in dem sittenlosen, dem unglückseligen Troja
    Hält dich die Scholle gebannt — fern — in der Fremde —
        allein! —
Dorthin strömte zu jener Zeit die griechische Jugend
    Ringsher eilend — es blieb einsam der heimische Herd —
Daß nicht Paris im frohen Besitz der üppigen Buhle,
    Die er dem Gatten geraubt, ruhe im Ehegemach.
Darum mußt' es geschehn, liebreizende Laodamia,
    Daß du verlorst, was dir süßer als Leben und Licht,
Daß du den Gatten verlorst: so wild ergriff dich der
        Strudel,
    Riß dich die Leidenschaft tief bis in den Abgrund hinab,
Wie an dem Fuß des kyllenischen Bergs bei Phenëus
        wirbelnd
    Aus dem faulenden Sumpf zog die Gewässer der Schlund,
Den, zu trocknen das fette Gefild, Amphitryons Bastard
    Einstens grub, dem Gebirg spaltend das innerste Mark,
Damals, als er die grause Brut stymphalischer Vögel
    Sicher zielend erlegt, treu dem geringeren Herrn,
Daß er, ein Gott zu Göttern gesellt, den Himmel bewohne,
    Hebe als Jüngferchen nicht länger sich sehnend verzehr'.
Unermeßlich war jener Schlund, doch tiefer die Liebe,
    Die dich mit hartem Joch, Laodamia, bezwang!
Inniger liebt kein Greis den Sohn der einzigen Tochter,
    Den sie, ein spätes Geschenk, ihm auf die Kniee gelegt;
Kann er doch nun sein Gut dem rechten Erben vermachen,
    Den er im Testament gerne mit Namen vermerkt,
Der dem betrogenen Vetter vergällt unlautere Hoffnung,
    Der ihm den Geier verscheucht von dem erbleichenden
        Haupt.
Nie hat irgend ein Täubchen sich je am schneeigen Tauber,
    Brünstiger nimmer ergötzt, das doch in heißerer Gier

oscula mordenti semper decerpere rostro
    quam quae praecipue multivola est mulier:
sed tu horum magnos vicisti sola furores,
    ut semel es flavo conciliata viro.   130
aut nihil aut paulo cui tum concedere digna
    lux mea se nostrum contulit in gremium,
quam circumcursans hinc illinc saepe Cupido
    fulgebat crocina candidus in tunica.
quae tamenetsi uno non est contenta Catullo,   135
    rara verecundae furta feremus erae,
ne nimium simus stultorum more molesti:
    saepe etiam Iuno, maxima caelicolum,
coniugis in culpa flagrantem continet iram
    noscens omnivoli plurima furta Iovis.   140
atqui nec divis homines componier aequum est

   .   .   .   .
   .   .   .   .

ingratum tremuli tolle parentis onus.
nec tamen illa mihi dextra deducta paterna
    fragrantem Assyrio venit odore domum,
sed furtiva dedit mira munuscula nocte   145
    ipsius ex ipso dempta viri gremio.
quare illud satis est, si nobis is datur unis
    quem lapide illa diem candidiore notat.

hoc tibi quod potui confectum carmine munus
    pro multis, Alli, redditur officiis,   150
ne vestrum scabra tangat rubigine nomen
    haec atque illa dies atque alia atque alia.

Immer Küsse zu pflücken versucht mit pickendem
    Schnabel,
    Unersättlicher selbst als das begehrlichste Weib.
Und doch glühtest du weit, weit heftiger, Laodamia,
    Seit dich der blonde Gemahl einmal in Liebe umfing;
Und heißflammend wie du — fast glich sie dir völlig — so
    flog mir
    Sie, mein Leben, mein Licht, warf sie sich mir in den
    Schoß!
Wie umschwärmte sie flatternd rings der lose Cupido,
    Wie erglühte der Wicht strahlend im Rosengewand! —
Läßt sie sich nun nicht mehr an mir alleine genügen,
    Seh' ich seltenen Fehl gern der Bescheidenen nach.
Quälen will ich sie nicht mit eifersüchtiger Torheit;
    Mußte nicht Juno selbst zwingen das kochende Herz
Bei den tausend Schlichen des wankelmütigen Gatten,
    Lag auch, was er getan, klar wie die Sonne am Tag;
Und doch thronet sie stolz im Kreis der Olympischen Götter!
    [Was den Ewigen selbst wehret ein hartes Geschick,
Wie vermöcht' es ein sterblicher Mensch? Drum fort mit
    der Sorge!]
    Allzu ängstliche Hut macht uns die Liebe zur Last.
Kam sie doch nicht zu mir geführt an der Hand des Er-
    zeugers,
    Nicht im festlichen Zug mir in das duftende Haus;
Nein, verstohlen, in schweigender Nacht nur ließ sie mich
    kosten,
    Was sie dem Ehegemahl aus der Umarmung entwandt.
Darum sei es genug, wenn mir nur bleiben die Tage,
    Deren Erinnrung Glanz alle die andern besiegt. —

Nimm nun dieses Gedicht, mein Allius, nimm es zum Danke
    Für die bewiesene Treu, so wie es eben gelang,
Daß dir nimmer der schäbige Rost der flüchtigen Tage
    Trübe des Namens Glanz bis an das Ende der Zeit.

huc addent divi quam plurima, quae Themis olim
  antiquis solita est munera ferre piis.
sitis felices et tu simul et tua vita   155
  et domus, in qua nos lusimus et domina,
et qui principio nobis terram dedit audens,
  a quo sunt primo omnia nata bona,
et longe ante omnes mihi quae me carior ipso est,
  lux mea, qua viva vivere dulce mihi est.   160

69

Noli admirari quare tibi femina nulla,
  Rufe, velit tenerum supposuisse femur,
non si illam rarae labefactes munere vestis
  aut perluciduli deliciis lapidis.
laedit te quaedam mala fabula, qua tibi fertur   5
  valle sub alarum trux habitare caper.
hunc metuunt omnes: neque mirum; nam mala valde est
  bestia, nec quicum bella puella cubet.
quare aut crudelem nasorum interfice pestem,
  aut admirari desine cur fugiunt.   10

70

Nulli se dicit mulier mea nubere malle

  quam mihi, non si se Iuppiter ipse petat.

dicit: sed mulier cupido quod dicit amanti

  in vento et rapida scribere oportet aqua.

71

Si cui iure bono sacer alarum obstitit hircus,
  aut si quem merito tarda podagra secat,
aemulus iste tuus, qui vestrum exercet amorem,
  mirifice est a te nactus utrumque malum.

Mögen zudem die Götter dir all die Gaben bescheren,
  Die in der Vorzeit einst Themis den Frommen verlieh:
Seid und bleibet beglückt, du selbst und deine Geliebte!
  Heil dir, gastliches Haus, Stätte des wonnigen Spiels!
Ihm auch, der uns zuerst in Freundschaft nahe verbunden,
  Dem ich alles verdank', was mir an Freuden erblüht!
Aber das höchste Glück erfleh' ich der einzig Geliebten;
  Weiß ich nur, daß sie lebt, lächelt das Leben auch mir!

SCHLIMMER DUFT

Rufus, wundre dich nicht, weshalb nicht eine der Frauen
  Ihren gefälligen Leib deinen Umarmungen gönnt,
Du nicht eine gewinnst mit dem Lockpreis seltner Gewänder
  Oder dem köstlichen Schmuck leuchtenden Edelgesteins.
Leider ein Märlein folgt dir nach, das sagt, du behausest
  Unter der Höhle des Arms einen entsetzlichen Bock.
Der jagt alle davon: wen wundert es? gar ein gefährlich
  Tier ist's, dem sich kein artiges Mädchen bequemt.
Drum entweder ersticke die Pest feinfühlender Nasen,
  Oder wundre dich nicht länger, warum sie dich fliehn.

FALSCHE SCHWÜRE

Keinen erwähle sie, sagt mein Weiblein, lieber zum Gatten,
  Keinen als mich, wenn selbst Juppiter käme zu frei'n.
Ja, sie hat es gesagt; doch was dem Verliebten ein Weib
                                                      sagt,
  Schreib in den Wind, mein Freund, schreib in die Welle
                                                      des Stroms.

DIE RACHE

Wenn je einem mit Recht der abscheuliche Bock in den
                                                      Weg tritt,
  Wenn je einen verdient martert die lähmende Gicht,
Dann trug jener Rival, der jetzt dein Liebchen beschäftigt,
  Herrlich, wie du's begehrst, beide Gebresten davon.

nam quotiens futuit, totiens ulciscitur ambos: 5
illam affligit odore, ipse perit podagra.

72

Dicebas quondam solum te nosse Catullum,
   Lesbia, nec prae me velle tenere Iovem.
dilexi tum te non tantum ut vulgus amicam,
   sed pater ut gnatos diligit et generos.
nunc te cognovi: quare etsi impensius uror,   5
   multo mi tamen es vilior et levior.
qui potis est? inquis. quod amantem iniuria talis
   cogit amare magis, sed bene velle minus.

73

Desine de quoquam quicquam bene velle mereri
   aut aliquem fieri posse putare pium.
omnia sunt ingrata, nihil fecisse benigne est,
   immo etiam taedet, taedet obestque magis:
ut mihi, quem nemo gravius nec acerbius urget   5
   quam modo qui me unum atque unicum amicum habuit.

74

Gellius audierat patruum obiurgare solere,
   si quis delicias diceret aut faceret.
hoc ne ipsi accideret, patrui perdepsuit ipsam
   uxorem et patruum reddidit Harpocratem.
quod voluit fecit: nam, quamvis irrumet ipsum   5
   nunc patruum, verbum non faciet patruus.

Denn so oft er mit ihr in der Arbeit, büßen es beide:
S i e bringt um der Gestank, i h n die zerrüttende Gicht.

EINST UND JETZT

Einstmals sagtest du wohl, du kennest allein den Catullus,
Lesbia, gegen den Freund tauschest du Juppiter nicht.
Damals hatt' ich dich lieb, nicht wie der Pöbel die Dirne,
Nicht mit den Sinnen allein, nein, wie der Vater das Kind.
Nunmehr kenn' ich dich erst: drum, wenn auch heißer ich
glühe,
Weniger bist du mir wert, kann dich nicht achten wie
einst.
Fragst du, warum? Wenn ein liebendes Herz wird betrogen,
so flackert
Wilder die Leidenschaft auf, aber die Liebe erlischt.

UNDANK

Höre doch auf, hinfort für andere sorgen zu wollen,
Oder zu wähnen, ein Herz je zu gewinnen dadurch!
Undank herrscht in der Welt; nichts gilt die erfahrene
Wohltat,
Ja, sie verdrießet und wird lästig, je länger, je mehr!
Schmerzlich erfahr' ich das jetzt, da keiner mich bitterer
kränkt, wie
D u , der einzig als Freund eben noch mich nur besaß!

ERZIEHUNG ZUR SCHWEIGSAMKEIT

Gellius hatte gehört, Strafpredigten halte der Oheim,
Wenn ein lockrer Gesell Frauen beschwatzt und verführt.
Daß ein Gleiches ihn selbst nicht treffe, verführt' er des
Oheims
Frau und lehrte ihn so, stumm wie Harpokrates sein.
Was er gewollt, er erlangt's: wie übel er jetzt mitspiele
Selber dem Ohm, kein Wort läßt er verlauten, der Ohm.

87 75*)

Nulla potest mulier tantum se dicere amatam
  vere, quantum a me Lesbia amata mea es:
nulla fides ullo fuit umquam in foedere tanta,
  quanta in amore tuo ex parte reperta mea est.
nunc est mens deducta tua, mea Lesbia, culpa,   5
  atque ita se officio perdidit ipsa suo,
ut iam nec bene velle queat tibi, si optima fias,
  nec desistere amare, omnia si facias.

76

Si qua recordanti benefacta priora voluptas
  est homini, cum se cogitat esse pium,
nec sanctam violasse fidem, nec foedere in ullo
  divum ad fallendos numine abusum homines,
multa parata manent in longa aetate, Catulle,   5
  ex hoc ingrato gaudia amore tibi.
nam quaecumque homines bene cuiquam aut dicere possunt
  aut facere, haec a te dictaque factaque sunt:
omnia quae ingratae perierunt credita menti.
  quare cur tu te iam amplius excrucies?   10
quin tu animo offirmas atque istinc teque reducis
  et dis invitis desinis esse miser?
difficile est longum subito deponere amorem;
  difficile est, verum hoc qua libet efficias.
una salus haec est, hoc est tibi pervincendum;   15

*) Diese beiden handschriftlich weit getrennten Bruchstücke
sind wahrscheinlich zu einem Ganzen zu verbinden.

ABSAGE

So ward nimmer ein Weib noch geliebt, des rühme sich
keine,
Wie du innig geliebt, Lesbia, wurdest von mir.
So wahrhaftige Treue begleitete nimmer ein Bündnis,
Wie mein zärtliches Herz unserer Liebe geweiht.
Doch jetzt ist es zerrissen! Du, Lesbia, hast es verschuldet,
Ach, und die Treue verschärft selbst und verlängert die
Pein,
Weil ich dich weder zu achten vermag, und würdest du
fehllos,
Noch zu entsagen der Lieb', ob du das Ärgste begingst.

HERZENSKAMPF

Ist es den Menschen vergönnt, daß einst erwiesene Wohltat
Durch Erinnerung noch lohnet ein frommes Gemüt,
Das niemals im Leben die Treu, die heil'ge, gebrochen,
Nimmer mit falschem Schwur Menschen und Götter
belog,
Mag es geschehen, Catull, daß bis zur Stunde des Todes
Noch manch freudiger Tag dir aus dem Kummer erblüht.
Was nur ein Mensch zu ersinnen vermag in Worten und
Werken
Für des anderen Wohl, wahrlich, du hast es getan!
Sie verlöschte die Schuld des Dankes im losen Gewissen.
Nun, was quälest du dich, marterst dich länger damit?
Auf, entschließe dich kühn und schenke dem Leben dich
wieder!
Trotze dem Schicksal nicht! gib dich gelassen darein!
Schwer ist's wohl zu entsagen der Liebe süßer Gewohnheit —
Kost' es auch noch so viel, setze dein alles daran!
Sonst gesundest du nimmer und nie, du mußt es erzwingen,

hoc facias, sive id non pote sive pote.

o di, si vestrum est misereri, aut si quibus umquam

    extremam iam ipsa in morte tulistis opem,

me miserum adspicite et, si vitam puriter egi,

    eripite hanc pestem perniciemque mihi,   20

quae mihi subrepens imos ut torpor in artus

    expulit ex omni pectore laetitias.

non iam illud quaero, contra ut me diligat illa,

    aut, quod non potis est, esse pudica velit:

ipse valere opto et taetrum hunc deponere morbum.   25

    o di, reddite mi hoc pro pietate mea.

77

Rufe mihi frustra ac nequiquam credite amice

    (frustra? immo magno cum pretio atque malo),

sicine subrepsti mi atque intestina perurens

    ei misero eripuisti omnia nostra bona?

eripuisti, eheu nostrae crudele venenum   5

    vitae, eheu nostrae pestis amicitiae.

78

Gallus habet fratres, quorum est lepidissima coniunx

    alterius, lepidus filius alterius.

Gallus homo est bellus: nam dulces iungit amores,

    cum puero ut bello bella puella cubet.

Gallus homo est stultus nec se videt esse maritum,   5

    qui patruus patrui monstret adulterium.

Mußt dich stellen dem Kampf, ob er geling' oder nicht! —
Fühlet ihr Mitleid, ewige Götter, und habet ihr jemals
  Noch an der Schwelle der Gruft Sterblichen Hilfe ge-
      bracht,
Blickt auf mich Unsel'gen herab, und fandet ihr schuldlos
  Meinen Wandel, so heilt mich von dem tödlichen Gift,
Das hinschleichend in Mark und Gebein mir löset die
      Glieder
  Und aus meinem Gemüt jegliche Freude gebannt.
Nichts Unmögliches bitt' ich von euch, nicht, daß sie die
      Liebe
  Noch erwidre wie einst, daß sie gesittet und keusch:
Selber möcht' ich gesunden, befreit vom Joche des Siech-
      tums;
  Nur dies eine gewährt, Götter, der Treue zum Lohn!

DER FREUND ALS NEBENBUHLER

Rufus, der mir so ganz umsonst als Freund hat gegolten,
  — Wirklich „umsonst"? O nein, teuer bezahlt ich
      dafür! —
Konntest du s o mich beschleichen, so grausam dem
      Ärmsten zerstören,
  Werfend den Brand in die Brust, Liebe, Vertrauen und
      Glück?
Ja, du hast es gekonnt! Weh dir, du Lebensvergifter,
  Mörder der Freundschaft du, weh dir und abermals weh!

EIN UNVORSICHTIGER KUPPLER

Gallus hat zwei Brüder, von welchen dem einen ein niedlich
  Weibchen, dem andern gehört wieder ein niedlicher Sohn.
Gallus, ein artiger Mann, sucht Liebesglück zu vermitteln,
  Daß beim artigen Weib liege der artige Knab'.
Gallus, der dumme Patron, sieht nicht, daß er selber ein
      Ehmann,
  Da er als Oheim lehrt, wie man den Oheim betrügt.

78b

.   .   .   .
.   .   .   .

Sed nunc id doleo quod purae pura puellae
   savia comminxit spurca saliva tua.
verum id non impune feres: nam te omnia saecla   5
   noscent et qui sis fama loquetur anus.

79

Lesbius est pulcher: quid ni? quem Lesbia malit
   quam te cum tota gente, Catulle, tua.
sed tamen hic pulcher vendat cum gente Catullum,
   si tria notorum savia reppererit.

80

Quid dicam, Gelli, quare rosea ista labella
   hiberna fiant candidiora nive,
mane domo cum exis et cum te octava quiete
   e molli longo suscitat hora die?
nescio quid certe est: an vere fama susurrat   5
   grandia te medii tenta vorare viri?
sic certe est: clamant Victoris rupta miselli
   ilia, et emulso labra notata sero.

81

Nemone in tanto potuit populo esse, Iuventi,
   bellus homo, quem tu diligere inciperes,
praeterquam iste tuus moribunda ab sede Pisauri

BRUCHSTÜCK

.   .   .   .
.   .   .   .

Doch jetzt kränkt es mich nur, daß dein unsauberer Speichel
   Selbst den reinlichen Mund meiner Geliebten befleckt.
Dafür sollst du mir büßen; es soll manch Säkulum hören,
   Wer du bist, und davon reden die späteste Welt.

HÖHNISCHE KLAGE

Freilich ist Lesbius schön. Kein Wunder, daß Lesbia mehr
          ihn
Liebt, Catullus, als dich samt deinem ganzen Geschlecht.
Aber der Schöne verkaufe Catull samt seinem Geschlechte,
   Wenn er auch nur dreimal ward von Bekannten geküßt.

BÖSES GERÜCHT

Wie erklär' ich es nur, daß deine rosigen Lippen,
   Gellius, weißer noch sind als wie im Winter der Schnee,
Wenn du das Haus frühmorgens verläßt, und wenn dann
          nach süßer
   Ruhe mittags um zwei endlich du steigst aus dem Bett?
Etwas ist sicher der Grund: ist's wirklich wahr, was man
          munkelt,
   Daß mit dem Munde du dich schamlos am Freunde
          vergehst?
Das ist's: des armen Victor zerschundene Teile bezeugen's,
   Und die deutliche Spur, die auf den Lippen sich zeigt.

SCHLECHTE WAHL

War denn keiner im Volke, Juventius, unter so vielen,
   Wirklich kein schönerer Mensch, den du zu lieben be-
          gehrst,
Als dein Gastfreund dort vom verpesteten Strande
          Pisaurums

hospes inaurata pallidior statua?
qui tibi nunc cordi est, quem tu praeponere nobis　　5
　　audes et nescis quod facinus facias.

82

Quinti, si tibi vis oculos debere Catullum
　　aut aliud si quid carius est oculis,
eripere ei noli, multo quod carius illi
　　est oculis seu quid carius est oculis.

83

Lesbia mi praesente viro mala plurima dicit.
　　haec illi fatuo maxima laetitia est.
mule, nihil sentis. si nostri oblita taceret,
　　sana esset: nunc quod gannit et obloquitur,
non solum meminit, sed, quae multo acrior est res,　　5
　　irata est: hoc est, uritur et loquitur.

84

'Chommoda' dicebat, si quando 'commoda' vellet
　　dicere, et 'insidias' Arrius 'hinsidias',
et tum mirifice sperabat se esse locutum
　　cum quantum poterat dixerat 'hinsidias'.
credo, sic mater, sic liber avunculus eius,　　5
　　sic maternus avus dixerat atque avia.
hoc misso in Syriam requierant omnibus aures:
　　audibant eadem haec leniter et leviter,
nec sibi postilla metuebant talia verba,

Mit dem vergilbten Gesicht, fahl wie vergoldetes Erz?
Und d e n trägst du im Sinn, d e n Menschen kannst du als
Freund mir
Vorziehn? Weißt du denn nicht, wie du dich gröblich
vergehst?

FLEHENTLICHE BITTE

Quintius, soll dir Catull sein lichtes Auge verdanken
Oder ein Anderes noch, wenn es ein Lieberes gibt,
O so entreiß' ihm nicht, was lieber ihm ist als das Auge
Oder ein Anderes noch, wenn es ein Lieberes gibt.

LIEBESBEWEIS

Lesbia hört nicht auf, mich vor dem Gemahl zu ver-
wünschen,
Was den Albernen dann über die Maßen entzückt.
Langohr, merkst du denn nichts? Vergäße sie meiner und
schwiege,
Dann wär's aus; doch jetzt, während sie poltert und
schilt,
Denkt sie an mich nicht bloß, nein, was viel mehr noch
bedeutet,
Während sie zornig erscheint, glüht sie und plaudert es
aus.

FALSCHE AUSSPRACHE

Statt ‚Interesse‘ sagte Arrius stets ‚Hinteresse‘,
Und den ‚eiligen Weg‘ macht' er zum ‚heiligen Weg‘,
Und hinreißend meinte er dann geredet zu haben,
Wenn mit aller Gewalt ‚heiligen Weg‘ er gesagt.
So hat die Mutter bereits und der freigelassene Onkel,
Ihr Herr Vater wohl auch und die Frau Mutter gesagt.
Jetzt nach Syrien ward er geschickt: da ruhten die Ohren,
Denn nun hörten sie rings leisen und linderen Hauch,
Und nie hofften sie mehr dergleichen Getön zu erleben,

cum subito affertur nuntius horribilis   10
Ionios fluctus, postquam illuc Arrius isset,
  iam non Ionios esse, sed 'Hionios'.

85

Odi et amo. quare id faciam fortasse requiris.
  nescio, sed fieri sentio et excrucior.

86

Quintia formosa est multis, mihi candida, longa,
  recta est. haec ego sic singula confiteor,
totum illud 'formosa' nego: nam nulla venustas,
  nulla in tam magno est corpore mica salis.
Lesbia formosa est, quae cum pulcherrima tota est,   5
  tum omnibus una omnis surripuit Veneres.

88*)

Quid facit is, Gelli, qui cum matre atque sorore
  prurit et abiectis pervigilat tunicis?
quid facit is patruum qui non sinit esse maritum?
  ecquid scis quantum suscipiat sceleris?
Suscipit, o Gelli, quantum non ultima Tethys   5
  nec genitor nympharum abluit Oceanus:
nam nihil est quicquam sceleris quo prodeat ultra,
  non si demisso se ipse voret capite.

*) Nr. 87 ist mit Nr. 75 verbunden.

Als auf einmal uns nahet der Schreckensbericht,
Daß das ionische Meer, seit Arrius übergesegelt,
Nicht das ionische mehr, sondern ‚hionische‘ sei.

HASS UND LIEBE

Hassen und Lieben zugleich. Du fragst wohl, warum ich's
so treibe.
Weiß nicht. Daß es geschieht fühl' ich und sterbe daran.

WAHRE SCHÖNHEIT

Quintia halten die Leute für schön; blank nenn' ich sie,
stattlich,
Formengerecht; so viel geb' ich im einzelnen zu,
Aber ich leugne das Ganze, das „Schön"; wo wäre denn
Anmut?
Auch nicht ein Körnlein Salz würzet das prächtige
Fleisch!
Lesbia, d i e ist schön: bildschön in der Formen Voll-
endung,
Und was allen gebricht, hat sie alleine — den Reiz!

SCHWERE SCHULD

Was tut, Gellius, wer mit der eigenen Mutter und Schwester
Geil und gewänderentblößt lüsterne Nächte verbringt?
Was tut, wer seines Oheims ehliche Rechte verletzt hat?
Ahnest du, mit wieviel Schuld sich ein solcher belädt?
Schuld, o Gellius, mehr als selbst die unendliche Tethys,
Als Oceanus je wüsche, der alte, hinweg,
Denn Ruchloseres bleibt fortan ihm nichts zu begehen,
Wenn er auch abwärts den Kopf krümmt' und verschlänge
sich selbst.

11

89

Gellius est tenuis: quid ni? cui tam bona mater
    tamque valens vivat tamque venusta soror
tamque bonus patruus tamque omnia plena puellis
    cognatis, quare is desinat esse macer?
qui ut nihil attingat, nisi quod fas tangere non est,   5
    quantumvis quare sit macer invenies.

90

Nascatur magus ex Gelli matrisque nefando
    coniugio et discat Persicum haruspicium:
nam magus ex matre et gnato gignatur oportet,
    si vera est Persarum impia religio,
gratus ut accepto veneretur carmine divos   5
    omentum in flamma pingue liquefaciens.

91

Non ideo, Gelli, sperabam te mihi fidum
    in misero hoc nostro, hoc perdito amore fore,
quod te cognossem bene constantemve putarem
    aut posse a turpi mentem inhibere probro,
sed neque quod matrem nec germanam esse videbam   5
    hanc tibi cuius me magnus edebat amor;
et quamvis tecum multo coniungerer usu,
    non satis id causae credideram esse tibi.
tu satis id duxti: tantum tibi gaudium in omni
    culpa est, in quacumque est aliquid sceleris.   10

92

Lesbia mi dicit semper male nec tacet umquam
    de me: Lesbia me dispeream nisi amat.

GRUND DER MAGERKEIT

Gellius ist sehr dünn. Ja, wer so willige Mutter,
  So einladendes, so kräftiges Schwesterchen hat,
So gutwilligen Ohm, und von Mädchen ringsum die Ver-
      wandtschaft
  Voll, wie fing' er's an, weniger mager zu sein?
Wer kein Ding anrührt, als was zu berühren verboten,
  Wundert es euch, wie der mager und magerer wird?

PERSISCHER BRAUCH

Wachse ein Magier denn aus Gellius' schändlichem Bunde
  Mit der Mutter, der lernt persischen Opfergebrauch:
Denn ein Magier muß von Sohn und Mutter gezeugt sein,
  Falls bei den Persern besteht wirklich der ruchlose Kult,
Um mit gefälligem Psalm willkommen die Götter zu
      ehren,
  Während das Mastdarmfett ihm an der Flamme zer-
      schmilzt.

ERBITTERUNG

Gellius, deshalb nicht hofft' ich bei dieser verlornen
  Unglücksliebe, daß du mir deine Treue bewahrst,
Weil ich stets dich gekannt und für beständig gehalten
  Oder enthaltsam genug, schändlichen Frevel zu scheun,
Nein, nur weil ich sah, daß weder Mutter noch Schwester
  Jene dir war, um die glühend mich Liebe verzehrt;
Und obgleich ich mit dir in Freundschaft lange verbunden,
  Glaubte ich doch, dies sei dir kein genügender Grund.
Dir war's freilich genug: so große Freude gewährt dir
  Jedes Vergehn, wenn nur einiger Greuel dabei.

LIEBESSYMPTOME

Lesbia sagt stets Schlechtes von mir, führt stündlich im
      Mund mich,
  Aber ich schwöre darauf, daß sie mich immer noch liebt!

quo signo? quia sunt totidem mea: deprecor illam
    assidue, verum dispeream nisi amo.

93

Nil nimium studeo, Caesar, tibi velle placere,
    Nec scire utrum sis albus an ater homo.

94

'Mentula moechatur.' moechatur mentula certe:
    hoc est, quod dicunt, ipsa olera olla legit.

95

Zmyrna mei Cinnae nonam post denique messem
    quam coepta est nonamque edita post hiemem,
milia cum interea quingenta Hortensius uno

    .   .   .   .

Zmyrna cavas Satrachi penitus mittetur ad undas,   5
    Zmyrnam cana diu saecula pervoluent.
at Volusi annales Paduam morientur ad ipsam
    et laxas scombris saepe dabunt tunicas.
parva mei mihi sint cordi monumenta sodalis:
    at populus tumido gaudeat Antimacho.   10

96

Si quicquam mutis gratum acceptumve sepulcris
    accidere a nostro, Calve, dolore potest,
quo desiderio veteres renovamus amores
    atque olim missas flemus amicitias,

Wie ich das weiß? — Ich tue das Gleiche, verwünsche sie
täglich,
Aber — ich schwöre darauf! — immer noch liebe ich sie!

ABSAGE AN CÄSAR

Cäsar, bitterlich wenig verlangt mich, dir zu gefallen,
Und nicht frag' ich danach, ob du nun schwarz oder weiß!

MENTULA

„Schwänzlein" treibt Unzucht: Unzucht treibt freilich ein
Schwänzlein;
Da heißt's eben: der Topf sammelt sich selber den Kohl.

ZMYRNA

Neunmal schon ward Sommer und neunmal Winter, da
endlich
Unseres Cinna Gedicht, Zmyrna, vollendet erscheint,
Während inzwischen gewiß an die fünfmalhunderttausend
Verse in Monatsfrist leicht ein Hortensius schrieb.
Zmyrna durchwandert die Welt bis fern zu des Satrachus
Wellen,
Zmyrna durchblättern dereinst graue Jahrhunderte noch.
Doch an der Padua schon wird sterben Volusius' Chronik,
Liefert den Fischen am Markt schlotternde Windeln
genug.
Mir sei teuer das kleine und schlichte Vermächtnis des
Freundes,
Mag sich der Pöbel erfreun an des Antimachus' Schwall.

TROSTGEDICHT AN DEN FREUND

Wenn von der Lebenden Schmerz ein Laut noch hinab in
die stummen
Gräber zu dringen vermag an der Entschlafenen Ohr,
Wenn ein Ton sie erreicht sehnsüchtigen Liebesverlangens,
Das sich in Tränen ergießt um ein verlorenes Herz, —

certe non tanto mors immatura dolori est   5

  Quintiliae, quantum gaudet amore tuo.

97

Non (ita me di ament) quicquam referre putavi,

  utrumne os an culum olfacerem Aemilio.

nilo mundius hoc, nihiloque immundior ille,

  verum etiam culus mundior et melior:

nam sine dentibus est. os dentes sesquipedales,   5

  gingivas vero ploxeni habet veteris,

praeterea rictum qualem diffissus in aestu

  meientis mulae cunnus habere solet.

hic futuit multas et se facit esse venustum,

  et non pistrino traditur atque asino?   10

quem si qua attingit, non illam posse putemus

  aegroti culum lingere carnificis?

98

In te, si in quemquam, dici pote, putide Vecti,

  id quod verbosis dicitur et fatuis:

ista cum lingua, si usus veniat tibi, possis

  culos et crepidas lingere carpatinas.

si nos omnino vis omnes perdere, Vecti,   5

  hiscas: omnino quod cupis efficies.

O, dann grämt ihr zeitiger Tod Quintilia minder
 Als sie, Calvus, sich freut, daß du so treulich sie liebst!

EIN APPETITLICHER KERL

Nein, es macht wirklich nichts aus — so wahr die Götter
 mir helfen —
 Ob des Aemilius Mund oder das Rückteil du riechst!
Der ist nicht saubrer als das, und dies nicht schmutzger als
 jener,
 Saubrer und besser im Stand scheint mir das Hinterteil
 noch;
Denn dem fehlen die Zähne, die ellenlang vorne im Mund
 stehn,
 Aber das Zahnfleisch gleicht älterem Kutschenbezug;
Und das Maulwerk dazu! der klaffende Rachen erinnert
 An die Eselin gar, während das Wasser sie läßt.
Viele Mädchen gebraucht er und tut, als wär' er der
 Schönste,
 Und in das Arbeitshaus steckte man noch nicht den
 Kerl?
Wenn den eine berührt, so täte sie besser, des Schinders
 Krankem Gesell'n mit dem Mund freundlich von hinten
 zu nahn.

AN EINEN SCHWÄTZER

Auf dich, Vectius, ist es gemünzt, dich trifft es wie keinen,
 Schmutzige Seele, was sonst törichten Plauderern gilt:
Daß du im Notfall gleich mit der Zunge zu lecken bereit
 wärst
 Bauern die Sohlen, ja selbst schlimmeres Leder als dies!
Willst ums Leben du bringen uns samt und sonders, so tu
 nur
 Ordentlich auf das Maul; sicher gelangst du zum Ziel!

99

Surripui tibi, dum ludis, mellite Iuventi,
    saviolum dulci dulcius ambrosia.
verum id non impune tuli: namque amplius horam
    suffixum in summa me memini esse cruce,
dum tibi me purgo nec possum fletibus ullis   5
    tantillum vestrae demere saevitiae.
nam simul id factum est, multis diluta labella
    guttis abstersisti omnibus articulis,
ne quicquam nostro contractum ex ore maneret,
    tamquam commictae spurca saliva lupae.   10
praeterea infesto miserum me tradere Amori
    non cessasti omnique excruciare modo,
ut mi ex ambrosia mutatum iam foret illud
    saviolum tristi tristius elleboro.
quam quoniam poenam misero proponis amori,   15
    numquam iam posthac basia surripiam.

100

Caelius Aufilenum et Quintius Aufilenam
    flos Veronensum depereunt iuvenum,
hic fratrem, ille sororem. hoc est quod dicitur illud
    fraternum vere dulce sodalicium.
cui faveam potius? Caeli, tibi: nam tua nobis   5
    per facta exhibita est unica amicitia,

VERSCHMÄHTE LIEBE

Neckischerweis im Spiel, herzliebster Juventius, raubt' ich
    Dir ein Küßchen — so süß kann nicht Ambrosia sein!
Doch wie ward ich gestraft! noch fühl' ich's: über ein
             Stündlein
Mußt' ich in Angst und Not hangen und bangen am
             Kreuz,
Da ich Entschuldigung sucht' und doch mit Bitten und
             Flehen
Auch nicht s o viel dir beugte den störrischen Sinn.
Denn kaum war es geschehn, so wuschest im Wasser und
             riebst du
Dir mit den Fingerchen schnell wieder und wieder den
             Mund,
Daß nur ja nichts bliebe von meines Kusses Berührung,
    Wie von des Dirnenmunds häßlichem Speichel befleckt.
Und nun immer so fort, nun hetzest du mich mit den
             ärgsten
Qualen verschmähter Lieb', quälst mich auf jegliche Art,
Bis den Ambrosiaduft zuletzt mein Küßchen, das süße,
Gänzlich verlor und herb, herb wie Helleborus ward.
Wahrlich, wenn du so grausam strafst einen armen Ver-
             liebten,
    Nie mehr raubt er, o nie Küsse sich neckischerweis!

KAMERADSCHAFTLICHKEIT IN DER LIEBE

Caelius liebt Aufilenus und Quintius Aufilena
    Recht von Herzen; kein Paar blüht in Verona wie ihr.
Dieser erkor sich den Bruder, die Schwester der andre;
             das ist doch
Wahrlich ein schönes Bild brüderlich holden Vereins.
Wem nun wünsch' ich Erfolg? Dir, Caelius; denn in der
             Freundschaft
Hast du, Einziger, mir redlich und treu dich bewährt,

cum vesana meas torreret flamma medullas.

    sis felix, Caeli, sis in amore potens.

101

Multas per gentes et multa per aequora vectus

    advenio has miseras, frater, ad inferias,

ut te postremo donarem munere mortis

    et mutam nequiquam alloquerer cinerem,

quandoquidem fortuna mihi tete abstulit ipsum,   5

    heu miser indigne frater adempte mihi.

nunc tamen interea haec, prisco quae more parentum

    tradita sunt tristi munere ad inferias,

accipe fraterno multum manantia fletu

    atque in perpetuum, frater, ave atque vale.   10

102

Si quicquam tacito commissum est fido ab amico,

    cuius sit penitus nota fides animi,

meque esse invenies illorum iure sacratum,

    Corneli, et factum me esse puta Harpocratem.

103

Aut sodes mihi redde decem sestertia, Silo,

    deinde esto quamvis saevus et indomitus:

Aut, si te nummi delectant, desine quaeso

    leno esse atque idem saevus et indomitus.

Als mein innerstes Mark wahnsinnige Flamme verzehrte.
Glück dir, Caelius! dein sei in der Liebe der Sieg.

AM GRABE DES BRUDERS

Weither bin ich gewandert den Weg durch Länder und
Meere,
Bin zur Stätte gelangt, Bruder, der traurigen Pflicht:
Will mein letztes Geschenk dir bringen, dem Toten das
Opfer,
Möchte dem schweigenden Staub sagen ein stammelndes
Wort.
Denn dich selbst, den geliebten Lebend'gen, entriß mir das
Schicksal;
Wehe, mein Bruder, warum raffte dich's grausam
hinweg? —
Aber inzwischen empfange nach altem Gebrauche der Väter
Hier dies Weihegeschenk, traurigem Opfer bestimmt.
Nimm es von Tränen befeuchtet, von strömenden Tränen
des Bruders,
Und leb' wohl, leb' wohl, Bruder, auf ewiglich wohl!

GELOBTE SCHWEIGSAMKEIT

Hat jemals ein Freund dem verschwiegenen Freund ein
Geheimnis,
Weil seine Treue bewährt, ohne Bedenken vertraut,
Zähl' auch mich in den Bund, Cornelius, dieser Geweihten,
Stumm wie Harpokrates selbst wirst du mich finden,
mein Freund!

MAHNUNG

Silo, gib mir zurück jetzt meine zehntausend Sesterzien,
Und dann sei, wie du willst, trotzigen Sinnes und grob;
Oder, behagt dir mein Geld, dann laß dir's bitte vergehen
Kuppler zu sein und dabei trotzigen Sinnes und grob

104

Credis me potuisse meae maledicere vitae,
  ambobus mihi quae carior est oculis?
non potui, nec, si possem, tam perdite amarem:
  sed tu cum Tappone omnia monstra facis.

105

Mentula conatur Pipleium scandere montem:
  Musae furcillis praecipitem eiciunt.

106

Cum puero bello praeconem qui videt esse,
  quid credat, nisi se vendere discupere?

107

Si cui quid cupido optantique obtigit umquam
  insperanti, hoc est gratum animo proprie.
quare hoc est gratum nobis quoque, carius auro,
  quod te restituis, Lesbia, mi cupido:
restituis cupido atque insperanti, ipsa refers te   5
  nobis. o lucem candidiore nota!
quis me uno vivit felicior, aut magis hac rem
  optandam in vita dicere quis poterit?

108

Si, Comini, populi arbitrio tua cana senectus
  spurcata impuris moribus intereat,
non equidem dubito, quin primum inimica bonorum
  lingua exsecta avido sit data vulturio,
effossos oculos voret atro gutture corvus,   5
  intestina canes, cetera membra lupi.

AN EINEN KLATSCHSÜCHTIGEN

Glaubst du, ich hätte vermocht, mein liebes Leben zu lästern,
　Sie, die teurer mir ist, als in dem Auge der Stern?
Nein! denn wenn ich es konnte, vermöchte ich s o sie zu
　　　　　　lieben?
　Wie ein rechter Hans Taps siehst du Gespenster bei Tag!

AUF EINEN DICHTERLING

Mentula macht sich auf, den heil'gen Parnaß zu erklimmen:
　Mit Heugabeln den Wicht stoßen die Musen hinab.

STRASSENSZENE

Wandelt ein lieblicher Knabe dem Marktausrufer zur Seite,
　Wer glaubt anders als hier werde ein Käufer gesucht?

VERSÖHNUNG

Wenn sich irgend ein Wunsch dem liebenden, sehnenden
　　　　　　Herzen
　Wider Erwarten erfüllt, danken wir selig dem Glück.
Und so dank' ich dem Glück, des Glanz mir alles verdunkelt,
　Weil mir Lesbia nun kehrt an die liebende Brust:
Wiederkehrt sie der liebenden Brust und bringet sich
　　　　　　selber —
　O du seliger Tag! — wider Erwarten zurück.
Wer ist glücklicher nun als ich? wer nennt mir auf Erden
　Neidenswerter als meins irgend ein anderes Los?

SCHLIMMES ENDE

Wenn nach der Stimme des Volks, Cominius, einstens dein
　　　　　　Alter,
　Das in Lastern ergraut, endete, wie es verdient,
O, dann zweifle ich nicht, die Zunge, die alles begeifert,
　Schneiden zuerst sie dir aus, hungrigem Geier zum Fraß,
Aber die Augen verschlingt in die schwarze Gurgel ein Rabe,
　Hunde das Herz, und den Rest schleppen die Wölfe davon.

109

Iucundum, mea vita, mihi proponis amorem
  hunc nostrum inter nos perpetuumque fore.
di magni, facite ut vere promittere possit
  atque id sincere dicat et ex animo,
ut liceat nobis tota perducere vita   5
  aeternum hoc sanctae foedus amicitiae.

110

Aufilena, bonae semper laudantur amicae:
  accipiunt pretium quae facere instituunt.
tu quod promisti mihi, quod mentita, inimica es;
  quod nec das et fers saepe, facis facinus.
aut facere ingenuae est, aut non promisse pudicae, 5
  Aufilena, fuit: sed data corripere
fraudando est facinus plus quam meretricis avarae,
  quae sese toto corpore prostituit.

111

Aufilena, viro contentam vivere solo
  nuptarum laus est laudibus ex nimiis:
sed cuivis quamvis potius succumbere par est,
  quam matrem fratres ex patruo parere.

112

Multus homo es, Naso, neque tecum multus homo est qui
descendit: Naso, multus es et pathicus.

BANGE AHNUNG

In ein goldenes Land, mein Leben, erschließt du den Blick
mir:
Unsere Liebe, sie soll — sagst du — unwandelbar sein.
Mächtige Götter, so gebt, daß Wahrheit ihre Verheißung,
Daß sie getreulich es meint, recht aus der Seele heraus,
Daß es vergönnt uns sei, so lange wir leben, zu hegen
Ewig den Freundschaftsbund, welchen die Liebe geweiht!

SCHNÖDE HABGIER

Aufilena, man lobt allzeit die gefällige Freundin;
Alle bekommen den Lohn, wenn sie zum Werke bereit.
Doch du brichst das gegebene Wort; du zeigst dich als
Feindin.
Daß du nur nimmst und nie gibst, ist ein erbärmlich
Geschäft.
Bist du ehrlich, so tu's, und bist du keusch, so versprich
nichts,
Aufilena; doch raffst nur zu betrügen du ein,
Was du empfingst, bist schlimmer du selbst als die gierige
Dirne,
Die sich ganz und gar jedem Gelüste verkauft.

VERIRRUNG

Aufilena, mit einem Manne sich zu begnügen,
Selten herrlichen Ruhm bringt es den Frauen gewiß:
Aber verzeihlicher noch sich von allen gebrauchen zu lassen
Als von dem Oheim selbst Mutter dem Vetter zu sein.

BITTERE WAHRHEIT

Vielbesucht bist du, mein Naso, doch gibt's nur wenige
Leute,
Die mit dir umgehn: du biet viel nur als Knabe besucht!

113

Consule Pompeio primum duo, Cinna, solebant
　Maeciliam: facto consule nunc iterum
manserunt duo, sed creverunt milia in unum
　singula. fecundum semen adulterio.

114

Firmano saltu non falso Mentula dives
　fertur, qui tot res in se habet egregias,
aucupium, omne genus piscis, prata, arva, ferasque.
　nequiquam: fructus sumptibus exsuperat.
quare concedo sit dives, dum omnia desint;　　　　　5
　saltum laudemus, dum modo ipse egeat.

115

Mentula habet instar triginta iugera prati,
　quadraginta arvi: cetera sunt maria.
cur non divitiis Croesum superare potis sit,
　uno qui in saltu tot bona possideat,
prata, arva, ingentis silvas saltusque paludesque　　5
　usque ad Hyperboreos et mare ad Oceanum?
omnia magna haec sunt, tamen ipse est maximus ultro
　non homo, sed vero mentula magna minax.

116

Saepe tibi studioso animo venante requirens
　carmina uti possem mittere Battiadae,
qui te lenirem nobis, neu conarere
　tela infesta meum mittere in usque caput.

DIE VIELGELIEBTE

Als Pompejus zuerst war Konsul, hatte Maecilia
    Zwei Geliebte, und jetzt, wo man ihn wieder gewählt,
Cinna, blieben die zwei, allein auf jeden erwuchsen
    Tausend: des Ehbruchs Saat wuchert mit reichem
                Ertrag.

DER VERSCHWENDER

Mentula gilt für reich im Besitz des Parkes bei Firmum,
    Der so vieles umfaßt, herrlichste Dinge der Welt:
Vögel und Fische von jeglicher Art, Wild, Wiesen und
                Äcker;
    Nur was hilft's? Der Ertrag deckt die Verschwendungen
                nicht.
Geb' ich den Reichtum zu, doch leidet er Mangel an allem,
    Ist der Besitz auch schön, bleibt der Besitzer in Not.

MENTULAS REICHTUM

Mentula hat in seinem Besitz an die dreißig Joch Wiesen,
    Ackerland vierzig; der Rest ist ein gewaltiges Meer.
Sollt' er an Reichtum nicht sich weit über Krösus erheben,
    Wenn sein einziger Park bietet so tausenderlei,
Saatflur, Wiesengeländ, Hochwälder und Weiden und
                Sümpfe
Bis zum nördlichsten Volk, bis zum Oceanus hin?
Alles bei ihm ist groß, doch er selbst von allem der größte —
    Nicht etwa Mensch, o nein! sondern ein riesiges Glied.

UNVERSÖHNLICH

Oftmals hab' ich voll Eifer gesucht nach passendem Anlaß,
    Um von Kallimachos dir schöne Gedichte zu weihn,
Daß ich milder dich stimmte und du nicht weiter in Zu-
                kunft
Immer nach meinem Haupt zieltest mit feindlichem Pfeil!

hunc video mihi nunc frustra sumptum esse laborem, 5
  Gelli, nec nostras hic valuisse preces.
contra nos tela ista tua evitamus amictu:
  at fixus nostris tu dabis supplicium.

Doch nun seh' ich, an dir war guter Wille verschwendet,
  Ja, mein Bitten sogar, Gellius, fruchtete nichts.
Sei's denn! deinem Geschoß wird schon mein Mantel be-
                                                    gegnen,
  Doch mit sicherem Schuß treff' ich dich mitten ins Herz.

ANHANG

Der deutsche Text wurde meist nach der Übersetzung von
T h e o d o r   H e y s e bearbeitet (Catulls Buch der Lieder,
II. Aufl. Berlin 1889); wenn eine andere Nachbildung zugrunde
liegt, ist dies im Anhang bei den einzelnen Gedichten vermerkt
worden. Folgende Übersetzungen wurden noch verwendet:

Catull, Properz und Tibull, übersetzt von Theodor V u l p i n u s
(Berlin u. Stuttgart, o. J.).

Gedichte des Catullus, übersetzt von W. A m e l u n g (Jena 1911)
mit freundlicher Erlaubnis des Verlages Eugen Diederichs.

Catulls ausgewählte Gedichte, verdeutscht von Friedrich P r e s s e l
(Berlin 1885).

Catulls Gedichte, übersetzt von H e r t z b e r g u. T e u f f e l
(Stuttgart 1886).

C. Valerius Catullus, Gedichte, deutsch von Max B r o d , mit
Benutzung der Übertragung von K. W. R a m l e r (München
u. Leipzig 1914), mit freundlicher Erlaubnis des Propyläen-
Verlages Berlin.

ANMERKUNGEN ZU DEN GEDICHTEN.

Nr. 1.

3. Der Historiker Cornelius Nepos, Catulls älterer Landsmann,
der eine Universalgeschichte in 3 Büchern verfaßt hatte (Chro-
nica).

Nr. 2.

11 ff. Die jungfräuliche Jägerin Atalante stellte mit jedem Freier
einen Wettlauf an und ließ den Besiegten töten. Milanion warf
goldene Äpfel, die ihm Aphrodite geschenkt hatte, in die Bahn;
Atalante, von Liebe zu ihm ergriffen, hob sie gern auf und ward
durch diese Verzögerung besiegt.

Nr. 4.

Nach glücklicher Heimkehr aus Bithynien, wohin er im Ge-
folge des Statthalters Memmius gegangen war, weiht Catull in
Sirmio (am Gardasee) den schützenden Dioskuren ein Modell
seines Schnellseglers; dazu dies Weihgedicht in reinen Jamben,
die die flotte Fahrt ryhthmisch-anschaulich malen.

11. Cytorus, ein Berg bei der Stadt Amastris, an der Südwestküste
des Pontus Euxinus.

24. Gardasee.

27. Castor und Pollux, Schutzgötter der Schiffahrt.

Nr. 5.

Übertragung z. T. nach Vulpinus.

Nr. 6.

Übertragung z. T. nach Vulpinus.

Nr. 7.

4. Silphion, eine wohlriechende, zu Arznei und Gewürz ge-
brauchte Pflanze, die besonders in Nordafrika gedieh.
5. Orakel des Juppiter Ammon in der Oase Siwah.
6. Battus, Gründer von Kyrene, später als Halbgott verehrt.

Nr. 10.

Übertragung nach Vulpinus.
27. Serapis, ägyptischer, später auch in Rom verehrter Gott, des-
sen Tempel um der Heilung willen aufgesucht wurde; sein
Kult war (wie der mit ihm verbundene Isiskult) bei der Demi-
monde besonders beliebt.

Nr. 11.

Abschiedsgedicht, in demselben sapphischen Metrum gedichtet
wie Nr. 51, mit dem er Lesbia zu gewinnen hoffte.
1. Furius und Aurelius sind Hungerleider (vgl. Nr. 15, 16, 21, 23,
26), die sich an Catull herandrängen; er nennt sie ironisch
seine „Begleiter", die alle Mühsal mit ihm teilen wollen.
5. Hyrcaner, Nachbarn der Parther am Kaspischen Meer.
6. Saken, skythischer Volksstamm.
10. Rhein, Nordmeer und Britannien sind Cäsars Ruhmesdenk-
male.

Nr. 12.

Übertragung nach Vulpinus.
1. Das Geschlecht der Asinier stammte aus dem Gau der Mar-
ruciner am Adriatischen Meer.
7. C. Asinius Pollio, der später ein berühmter Staatsmann, Ge-
schichtsschreiber und Freund der augusteischen Dichter wurde.
15. Saetabis in Spanien war durch seine Linnenindustrie berühmt.

Nr. 13.

Übertragung nach Vulpinus.

Nr. 14.

3. Vatinius, ein Anhänger Cäsars, wurde von Calvus wiederholt
aufs heftigste angegriffen.

15. Am Saturnalienfeste (19. Dezember) beschenkte man sich wie bei uns zu Weihnachten.
18. Üble Dichterlinge.

Nr. 15.

18 f. Strafe des Ehebrechers.

Nr. 16.

Übertragung nach Brod.
12. vgl. Nr. 5.

Nr. 17.

Übertragung nach Vulpinus.

Nr. 21.

Vgl. Nr. 15.

Nr. 22.

Übertragung nach Vulpinus.
20. Anspielung auf eine Fabel Äsops, nach der Zeus den Menschen einen Quersack aufgehängt hat, der vorn mit den fremden, hinten mit den eigenen Fehlern gefüllt ist.

Nr. 24.

4. Der Reichtum des sagenhaften Königs Midas von Phrygien, dessen Berührung alles in Gold verwandelte, war sprichwörtlich.
5. Vgl. Nr. 23, 1.

Nr. 25.

5. Der Vers ist in den Handschriften entstellt; unsere Lesart stammt von A. Riese.

Nr. 26.

Übertragung nach Vulpinus.

Nr. 27.

3. Postumia hat als Symposiarchin das Trinkgelage zu leiten.

Nr. 28.

Catulls Freunde Veranius und Fabullus haben in der Provinz unter dem Statthalter Piso, in dessen Gefolge sie waren, ebenso schlechte Erfahrungen gemacht wie Catull unter Memmius.

Nr. 29.

3. Mamurra, römischer Ritter aus Formiae, hatte sich als Cäsars Pionieroffizier im gallischen Kriege unmäßig bereichert.

8. Adonis, der schöne Geliebte Aphrodites.
18. Die im Kriege des Pompejus gegen Mithridates von Pontus (66—64) gemachte Beute.
19. Cäsar führte als Proprätor in Spanien Krieg (61—60). — Der Sand des Tagus (Tajo) war goldhaltig.
24. Pompejus war mit Cäsars Tochter Julia vermählt.

Nr. 31.

Vgl. Anmerkung zu Nr. 4.
2. Sirmio ist eine schmale Halbinsel, die sich in den Gardasee hineinstreckt; Catull besaß dort ein Landhaus.

Nr. 34.

Übertragung nach Vulpinus.
5. Latonia heißt Diana als Tochter der Latona (Leto), die sie mit dem Zwillingsbruder Apollo auf der Insel Delos gebar.
13. Diana wurde auch als Geburtsgöttin (Juno Lucina) verehrt.
15. Diana als Göttin des Mondes.

Nr. 35.

Übertragung nach Vulpinus.
14. Korybantisches Lied: ein Gedicht auf die Göttermutter Kybele (Magna Mater), die auf dem Berge Dindymos in Phrygien verehrt wurde.

Nr. 36.

7. Vulkan, Gott des Feuers.
11 ff. Scherzhaft-pathetische Anrufung der Venus mit Aufzählung ihrer Kultstätten, den Hymnenstil parodierend: Idalium, Amathus und Golgi auf Cypern, Urii an der Küste Apuliens, Ancona am Adriatischen Meer in Picenum, Cnidus in Carien, Dyrrachium (= Epidamnus) an der illyrischen Küste, Brundisium gegenüber.
15. Adrias Taberne: hier kehrten die Seeleute des Adriatischen Meeres ein.

Nr. 38.

8. Gemeint sind die Trauerlieder des Simonides (um 500 v. Chr.)

Nr. 40.

Übertragung z. T. nach Hertzberg.

Nr. 41.

Übertragung z. T. nach Vulpinus.

4. Der „Formianer Prasser" ist Cäsars Pionieroffizier Mamurra aus Formiae.

Nr. 42.
Übertragung nach Vulpinus.

Nr. 43.
5. Gemeint ist Ameana, die Geliebte Mamurras (vgl. Nr. 41 und Anmerkung zu 41, 4).

Nr. 44.
1. Die Landhäuser bei Tibur (Tivoli) galten für vornehmer als die im rauhen Sabinergebirge; Catulls Landgut lag wohl an der Grenze.

Nr. 46.
Übertragung nach Vulpinus. — Gedichtet bei der bevorstehenden Heimkehr Catulls aus Bithynien (vgl. Anm. zu Nr. 4).
4. Phrygien im weiteren Sinne umfaßt auch Bithynien.
5. Nicäa, Bithyniens Hauptstadt.

Nr. 47.
Gedichtet nach der Heimkehr seiner Freunde Veranius und Fabullus aus der Provinz, wohin sie im Gefolge des Statthalters Piso gegangen waren (vgl. Nr. 28).

Nr. 48.
Übertragung z. T. nach Pressel.

Nr. 49.
Dies in geschraubten Redensarten abgefaßte Billet ist ein — offenbar ironisch gemeintes — Dankschreiben an den bekannten Redner Marcus Tullius Cicero.

Nr. 50.
Übertragung nach Vulpinus.
2. Licinius Calvus, hochbegabter Redner und Dichter, einer der liebsten Freunde Catulls (vgl. Nr. 14).

Nr. 51.
Übertragung nach Otto Ribbeck, Geschichte der römischen Dichtung I², 319. — Freie Nachbildung eines Gedichtes der Sappho.
8. Dieser Vers fehlt in den Handschriften; er ist willkürlich ergänzt.

Nr. 53.

3. Vatinius wurde von Catulls Freund Licinius Calvus (vgl. Nr. 14 und 50) wiederholt angeklagt.

Nr. 54.

Schwieriges, wohl nur fragmentarisch überliefertes Gedicht, das sich offenbar gegen Cäsars Günstlinge richtet. Alle hier genannten sind unbekannt.

Nr. 55.

6. Die Promenade des Pompejus (porticus Pompei) war eine große Säulenhalle mit Gartenanlagen und Springbrunnen, wo sich die elegante Jugend Roms ein Stelldichein gab.

23. Der Wächter Cretas ist der eherne Riese Talos, der täglich dreimal um die Insel lief; Hephäst hatte ihn dem König Minos geschenkt.

24. Ladas, ein berühmter Wettläufer bei den olympischen Spielen. — Perseus hatte von den Nymphen Flügelschuhe bekommen, um den weiten Flug zu den Gorgonen zu machen.

25. Die Schnelligkeit des Flügelrosses Pegasus war sprichwörtlich.

26. Rhesus, thrakischer König, dessen Rosse — wie Homer sagt — im Laufe dem Sturmwind glichen.

Nr. 56.

Übertragung nach Brod.

Nr. 57.

4. Cäsars Günstling Mamurra stammte aus Formiae (vgl. Anm. zu Nr. 41, 4).

Nr. 59.

3. Sie stiehlt die auf dem Scheiterhaufen den Manen geopferten Speisen.

Nr. 61.

Übertragung z. T. nach Hertzberg.

17. Idalium, Stadt auf Cypern, Kultstätte der Venus.

18. Paris.

23. Hamadryaden: Baumnymphen.

27. Aonisch = böotisch; Thespiae am Fuße des Musenberges Helikon in Böotien.

116 ff. Das Streuen von Nüssen, die als Sinnbild der Fruchtbarkeit gelten, ist alter Hochzeitsbrauch. — Der Spottgesang behandelt die Leidenschaft des Bräutigams zu seinem Lieblingsknaben, die nun zu Ende ist.

124. Talasius, rätselhafter Gott, der bei der Hochzeit angerufen
wurde.

Nr. 62.

Übertragung nach Fr. Ballin (Das amoebaeische Hochzeitslied
des Catull. Beilage zum Programm des Gymnasiums zu
Dessau 1894).

Nr. 63.

Übertragung nach Hertzberg. — Mythus von der phrygischen
Göttermutter Kybele, die in orgiastischem Taumel verehrt
wurde.
13. Dindymene = Kybele; nach dem Berge Dindymos in
Phrygien, der ihr heilig war.
34. Gallen, Priester der Kybele.
36. Ohne Ceres' Gaben: ohne zu essen.
43. Pasithea, eine der Grazien, Gemahlin des Schlafgottes.

Nr. 64.

Übertragung nach Pressel und Vulpinus (mit gelegentlicher
Benutzung der Übersetzungen von Heyse und Hertzberg).
1 ff. Die Fahrt der Argonauten. — Auf dem Pelion (1) in Thes-
salien waren die Fichten gewachsen, aus denen Minerva (8)
das Schiff Argo baute. Jason lief mit den erlesensten grie-
chischen Helden (4) in den Phasis (3) ein, um dort aus Colchis
(5), dem Reiche des Königs Aeetes (3), das goldene Vließ zu
holen.
3. Phasis, Fluß in Colchis, der ins Schwarze Meer mündet.
19. Peleus, der unter den Argonauten war, sah hier zum ersten
Male die Nymphe Thetis.
21. Der Vater, nämlich Juppiter.
26 f. Peleus war König von Pharsalus in Thessalien. Juppiter
trat die Geliebte an einen Sterblichen ab, weil Themis geweis-
sagt hatte, wenn Thetis ihm einen Sohn gebäre, würde dieser
größer werden als sein Vater.
29 f. Oceanus und Tethys sind die Eltern von Doris, der Mutter
der Nereide Thetis.
35 f. Cieros, Larissa, Crannon: thessalische Städte.
Tempe, ein Tal Thessaliens. Phthiotisch = thessalisch.
52. Dia, alter Name für Naxos, wo Theseus die Ariadne verließ,
nachdem er mit ihrer Hilfe den Minotaurus getötet hatte.
60. Ariadne, Tochter des Kreterkönigs Minos.
72. Erycina = Venus, benannt nach ihrem uralten Heiligtum
auf dem Berge Eryx in Sicilien.

77. Cecrops, Gründer Athens. Androgeos, des Minos Sohn, war von den Athenern erschlagen worden.
89. Eurotas, Fluß bei Sparta.
96. Idalium und Golgi, Städte Cyperns mit berühmten Heiligtümern der Venus.
105. Taurus, Gebirge Kleinasiens.
150. Der Minotaurus war ein Sohn von Ariadnes Mutter Pasiphae, aber von einem Stiere gezeugt.
172. Gnosus auf Kreta, Residenzstadt des Königs Minos.
178. Ida, Berg auf Kreta.
210. König Ägeus in Athen war Theseus' Vater.
211. Erechtheus, ein uralter Heros von Athen.
217. Theseus war bei dem Großvater in Troezen erzogen worden und erst, als er herangewachsen war, nach Athen zurückgekehrt.
228. Itonus, Stadt in Thessalien mit einem altberühmten Athenetempel.
252. Nysa, angeblich in Indien gelegen, Geburtsort des Bacchus und seines Gefolges.
279. Chiron, der Kentaur, später Erzieher des Achilles.
285. Peneios, der Hauptfluß Thessaliens, der das Tal Tempe durchfließt.
287. Najaden, Wassernymphen.
291. Phaeton, der Sohn des Sonnengottes, wurde bei seinem Versuche, den Sonnenwagen zu lenken, vom Blitz erschlagen. Seine Schwestern beweinten ihn und wurden in Pappeln verwandelt.
295. Prometheus war zur Strafe für den Raub des Feuers an die Felsen des Kaukasus geschmiedet worden.
300. Idrus, Berg oder Stadt, wahrscheinlich in Karien, mit Heiligtum der Artemis.
301 f. Warum Apollo und Artemis der Feier fern blieben, ist unbekannt.
329. Hesperus, der Abendstern.
345 f. Der dritte Erbe: Agamemnon. Auf Pelops folgte sein Sohn Atreus, diesem sein Bruder Thyestes, diesem der Atride Agamemnon.
357. Skamander, Fluß in der troischen Ebene.
364. Nach Trojas Einnahme ward die gefangene Polyxena, des Priamus Tochter, die mit Achilles verlobt gewesen war, an dessen Grabe geopfert.
377. Der Vers spielt wohl auf eine volkstümliche Probe der Jungfernschaft an.
391. Thyladen — Bacchantinnen.

396. Pallas Athene sollte an einem Flusse Triton geboren sein, dessen Lage verschieden angegeben wird. Nemesis hatte eine berühmte Kultstätte im attischen Gau Rhamnus.

Nr. 65.

Übertragung nach Amelung.

1. Die sinnigen Schwestern: die Musen.
2. Die Trauer um seinen Bruder, der in Troas gestorben und begraben war (vgl. Nr. 101).
8. Rhoeteum, Vorgebirge von Troas am Hellespont.
14. Prokne, die Gattin des Königs Tereus von Daulis, tötete aus Rache für die Treulosigkeit ihres Gatten ihren Sohn Itylus und wurde in eine Nachtigall verwandelt.
16. Mit dem Lied von Battos' Sohn Kallimachos wird die folgende Elegie gemeint sein, die Übersetzung der „Locke der Berenike".

Nr. 66.

Übertragung nach Pressel und Hertzberg. — Berenike, die Gemahlin des Königs Ptolemaios III. Euergetes von Ägypten, gelobte bald nach der Hochzeit den Göttern eine Locke ihres schönen Haares, falls ihr Gatte siegreich aus dem Krieg gegen Syrien heimkehre. Nach Einlösung des Gelübdes verschwindet die Locke aus dem Tempel; der Hofastronom Konon findet sie als Sternbild am Himmel wieder, und der Hofdichter Kallimachos besingt dies Ereignis in einer zierlichen Elegie (Βερενίκης πλόκαμος), in der er die Locke selbst sprechen läßt.

5 f. Trivia = Diana, die Mondgöttin; sie liebt den schönen Hirten Endymion und besucht ihn auf dem Berge Latmos in Karien.
22. Ptolemaios galt nach ägyptischer Sitte offiziell als der „Bruder" seiner Gemahlin Berenike; in Wirklichkeit war er ihr Vetter.
26 ff. Berenike ließ den von ihrer Mutter begünstigten Nebenbuhler ihres Verlobten und späteren Gemahls, den makedonischen Prinzen Demetrios, durch eine Verschwörung stürzen und ermorden — durch diese Tat also errang sie sich die Hand des Königs.
43 ff. Der Perserkönig Xerxes ließ den Athos durchbohren, um mit seiner Flotte hindurchzusegeln.
48. Die Chalyber, eine Völkerschaft im Pontus, berühmt durch Erfindung des Eisenbergbaus und Bearbeitung des Stahls.
51. Die Schwestern: die anderen Locken Berenikes.
53 ff. Die gelehrten Anspielungen dieser Verse sind sehr gesucht und schwer zu deuten. Das Flügelroß der Arsinoe ist wohl der

Strauß (auf einem antiken, bei Pausanias erwähnten Bilde
wurde Arsinoe auf einem Strauß reitend dargestellt); warum
er als Zwillingsbruder (oder einziger Sohn?) des Aethiopen-
königs Memnon bezeichnet wird, bleibt unklar. Arsinoe, die
Schwester-Gemahlin des Ptolemaios Philadelphos, Mutter
der Berenike, wurde nach ihrem Tode als Venus Arsinoe ver-
ehrt und bekam auf dem Vorgebirge Zephyrion (östlich von
Alexandria) einen Tempel, nach dem sie Zephyritis hieß
(v. 57). Die Verse sagen also, daß ein Strauß, von der Göttin
selbst gesandt, die Locke aus dem Tempel entführt und zu
Venus Arsinoe bringt, die sie als Sternbild an den Himmel ver-
setzt.

58. Arsinoe war eine Ptolemäerin, also griechischer Abkunft.
Zephyrion, wo ihr Tempel stand, lag bei Kanopos.

60. Der Brautkranz der Ariadne wurde nach der Hochzeit als
Sternbild (die „Krone") an den Himmel versetzt.

65 ff. Die „Locke der Berenike" steht zwischen den Sternbildern
der Jungfrau, des Löwen, des großen Bären und des Bootes.

66. Kallisto, die Tochter des Lykaon, wurde von Hera aus Eifer-
sucht in eine Bärin verwandelt, von Zeus aber als Sternbild an
den Himmel versetzt („der große Bär").

67. Als Führer des Bootes: die „Locke der Berenike" geht vor
ihrem Nachbar, dem Bootes, unter.

70. Tethys, Meeresgöttin, Gattin des Oceanus.

71. Rhamnusische Jungfrau: Nemesis (vgl. zu Nr. 64, 396), die
übermütige Worte bestraft.

82. Onyx, Salbgefäß aus Alabaster.

94. Die beiden Sternbilder Orion und Wassermann sind weit von-
einander entfernt; die Worte sagen also: mag dann der ganze
Himmel in Unordnung geraten!

Nr. 67.

32. Brixia, das heutige Brescia. — Mit der „cygnischen Burg" ist
wohl das heutige Castello gemeint, das die Lage der Stadt be-
herrscht [nach Kroll]; die Deutung des Namens bleibt unklar.

Nr. 68.

Übertragung nach Amelung. — In dieser Elegie, die einen
poetischen Brief an seinen Freund Manius Allius darstellt,
hat Catull drei Themata — Freundschaft zu Allius, Trauer
um den Tod des geliebten Bruders, Liebe zu Lesbia — kunst-
voll verflochten und mit Vergleichen aus Natur und Sage aus-
geschmückt.

53. Der Ätna als der bekannteste Vulkan der alten Welt.

54. Die Thermopylen sind nach den heißen Quellen benannt, die am Oeta im Gebiet der Malier entspringen.

65. Die Dioskuren, Castor und Pollux, stehen den Schiffern in Seenot bei.

74. Das Erscheinen der Geliebten gibt Veranlassung zu einer langen mythologischen Abschweifung.
Protesilaus, König von Phylake in Thessalien und Gemahl der Laodamia, war der erste Grieche, der vor Troja fiel.

75 f. Laodamia war, da Protesilaus plötzlich in den Krieg ziehen mußte, schon vor Darbringung der nötigen Hochzeitsopfer in sein noch unvollendetes Haus gezogen und hatte sich dadurch schuldig gemacht.

77. Nemesis, die rächende Göttin, die den Übermut straft.

109 ff. Die Tiefe von Laodamias Leidenschaft wird in gesuchter Gelehrsamkeit mit der Tiefe des gewaltigen Schlundes verglichen, den der Sage nach Herkules bei der arkadischen Stadt Phenëus in der Nähe des Kyllenegebirges zur Entwässerung der sumpfigen Ebene grub.

111. Herkules, Sohn des Zeus und der Alkmene, deren rechtmäßiger Gemahl Amphitryon war.

113 ff. Herkules hatte im Dienst des feigen Eurystheus die stymphalischen Vögel erlegt; zum Lohne für seine Heldentaten wurde er in den Himmel aufgenommen und bekam Hebe, die Göttin der Jugend, zur Gemahlin.

124. Der lachende Erbe wird mit einem gierigen Geier verglichen, der das Haupt des Alten umflattert.

143 ff. Seine Geliebte Lesbia ist die Frau eines anderen (vgl.Nr.83).

154. Themis, die Göttin des Rechts und der Gerechtigkeit, die im goldenen Zeitalter noch auf Erden herrschte.

Nr. 73.

Übertragung nach Vulpinus.

Nr. 74.

4. Harpokrates wurde als der Gott des Schweigens angesehen.

Nr. 76.

Übertragung nach Amelung.

Nr. 77.

Übertragung nach Vulpinus.

Nr. 79.

1. Lesbius ist wahrscheinlich P. Clodius Pulcher, der Bruder von Lesbia (= Clodia).

Nr. 81.

3. Pisaurum (jetzt Pesaro) liegt in Umbrien am Adriatischen Meere.

Nr. 85.

Übertragung nach Eduard Norden (in Gercke-Nordens Einleitung in die Altertumswissenschaft I 478).

Nr. 88.

5 f. Oceanus und seine Gemahlin Tethys stehen für das Meer selbst, dessen Wasser reinigende Kraft hat.

Nr. 92.

Übertragung nach Vulpinus.

Nr. 93.

Übertragung nach Vulpinus.
2. „Schwarz oder weiß": sprichwörtliche Redensart.

Nr. 94.

1. Mentula, d. h. „Schwänzlein", war wahrscheinlich der Spitzname für Cäsars Günstling, den Pionieroffizier Mamurra (vgl. Nr. 41, 4 und Nr. 57).
2. Sprichwörtliche Redensart: der Gemüsetopf sammelt selbst sein Gemüse, d. h. jeder tut, was für ihn paßt.

Nr. 95.

2. Zmyrna, ein gelehrtes Epyllion von Catulls Freund C. Helvius Cinna, das eine cyprische Sage behandelte.
4. Hortensius, berühmter Redner, der auch dichtete.
5. Satrachus, Fluß auf Cypern.
7. Volusius, Dichter einer umfangreichen Chronik (vgl. Nr. 36). — Padua, ein Mündungsarm des Po, wo Volusius geboren war.
8. d. h. sein Werk wird Makulatur.
10. Antimachus, Verfasser eines umfangreichen gelehrten Epos.

Nr. 96.

Übertragung nach Vulpinus.
5. Quintilia, Gattin von Catulls Freund Calvus (vgl. Nr. 14 u. 50).

Nr. 97.

Dies Gedicht, in dem Catull alles Widerliche geflissentlich häuft, gehört — ebenso wie Nr. 00 — zu denen, die man zwar als bezeichnenden Ausbruch seines leidenschaftlichen Hasses lesen, aber nicht ins Deutsche übersetzen sollte; wenn es trotzdem geschieht, so entspricht der Herausgeber damit einem ausdrücklichen Wunsche des Verlags, der das an sich berechtigte Prinzip der Vollständigkeit seiner Texte auch hier gewahrt wissen wollte.

Nr. 98.

Übertragung nach Vulpinus.

Nr. 99.

14. Helleborus (Nieswurz), beliebtes Heilmittel, dessen Bitterkeit sprichwörtlich war.

Nr. 101.

Übertragung nach Vulpinus. — Catulls Bruder war in Troas gestorben und begraben; auf der Reise nach Bithynien besucht Catull sein Grab und bringt ihm die Totenspende dar.

Nr. 102.

4. Harpokrates: vgl. Anm. zu Nr. 74, 4.

Nr. 104.

4. Tappo: volkstümliche Figur, Possenreißer.

Nr. 105.

1. Vgl. Anm. zu Nr. 94, 1.

Nr. 106.

Übertragung nach Pressel.

Nr. 107.

Übertragung nach Amelung.

Nr. 109.

Übertragung nach Vulpinus.

Nr. 110.

Übertragung nach Hertzberg.

Nr. 112.

Übertragung nach Brod.

Nr. 114.

1. Firmum (jetzt Fermo), Stadt in Picenum; dort hatte Mamurra (= Mentula, vgl. Anm. zu Nr. 94, 1) offenbar ein Landgut.

Nr. 115.

Vgl. Anm. zu Nr. 94, 1 und zu Nr. 114, 1.

GRUNDFORMEN DER VON CATULL
ANGEWENDETEN VERSMASSE

I.

DER DAKTYLISCHE HEXAMETER

$$–\smile\smile–\smile\smile–\smile\smile–\smile\smile–\smile\smile–\smile$$

Nr. 62, 64.

II.

DAS ELEGISCHE DISTICHON

$$–\smile\smile–\smile\smile–\smile\smile–\smile\smile–\smile\smile–\smile$$
$$–\smile\smile–\smile\smile–\|–\smile\smile–\smile\smile–$$

Nr. 65—116.

III.

DER IAMBISCHE TRIMETER

$$\smile–\smile–\smile–\smile–\smile–\smile–$$

Nr. 4, 29, 52.

IV.

DER CHOLIAMBISCHE VERS (HINKIAMBUS)

$$\smile–\smile–\smile–\smile–\smile–––$$

Nr. 8, 22, 31, 37, 39, 44, 59, 60.

V.

DER IAMBISCHE SEPTENAR

$$\smile–\smile–\smile–\smile–\smile–\smile–\smile–$$

Nr. 25.

VI.

DER PHALÄKISCHE VERS (HENDEKASYLLABUS)

$$\left.\begin{matrix}–\,–\\–\,\smile\\\smile\,–\end{matrix}\right\}–\smile\smile–\smile–\smile–\smile$$

Nr. 1, 2, 3, 5, 6, 7, 9, 10, 12, 13, 14, 15, 16, 21, 23, 24,
26, 27, 28, 32, 33, 35, 36, 38, 40, 41, 42, 43, 45, 46, 47,
48, 49, 50, 53, 54, 55, 56, 57, 58.

13

VII.
DIE SAPPHISCHE STROPHE

‒ ◡ ‒ ⏓ ‒ ◡ ◡ ‒ ◡ ‒ ◡̄

‒ ◡ ‒ ⏓ ‒ ◡ ◡ ‒ ◡ ‒ ◡̄

‒ ◡ ‒ ⏓ ‒ ◡ ◡ ‒ ◡ ‒ ◡̄

‒ ◡ ◡ ‒ ◡̄

Nr. 11, 51.

VIII.
GLYKONEISCHE STROPHEN

a) Vierzeilige Strophe (3 Glykoneen und 1 Pherekrateus)

‒ ◡ ‒ ◡ ◡ ‒ ◡ ⏓

‒ ◡ ‒ ◡ ◡ ‒ ◡ ⏓

‒ ◡ ‒ ◡ ◡ ‒ ◡ ⏓

‒ ◡ ‒ ◡ ◡ ‒ ◡̄

Nr. 34.

b) Fünfzeilige Strophe (4 Glykoneen und 1 Pherekrateus)

‒ ◡ ‒ ◡ ◡ ‒ ◡ ⏓

‒ ◡ ‒ ◡ ◡ ‒ ◡ ⏓

‒ ◡ ‒ ◡ ◡ ‒ ◡ ⏓

‒ ◡ ‒ ◡ ◡ ‒ ◡ ⏓

‒ ◡ ‒ ◡ ◡ ‒ ◡̄

Nr. 61.

c) Priapeus (Glykoneus und Pherekrateus verbunden)

‒ ◡ ‒ ◡ ◡ ‒ ◡ ‒ ⌈ ‒ ◡ ‒ ◡ ◡ ‒ ◡̄

Nr. 17.

IX.
DER GRÖSSERE ASKLEPIADEISCHE VERS

‒ ‒ ‒ ◡ ◡ ‒ | ‒ ◡ ◡ ‒ | ‒ ◡ ◡ ‒ ◡ ⏕

Nr. 30.

X.
DER GALLIAMBISCHE VERS

⏕ ‒ ◡ ◡ ◡ ◡ ‒ ◡ ◡ ‒ ‒ | ⏕ ‒ ◡ ◡ ⏕ ‒ ◡ ⏕

Nr. 63.

ALPHABETISCHES VERZEICHNIS

mit Angabe von V e r s m a ß und N u m m e r der Gedichte.
Die d e u t s c h e n Zahlen bedeuten die N u m m e r, die r ö m i ‑
s c h e n das V e r s m a ß der Gedichte (vgl. Übersicht auf S. 103 f).

Acmen Septimius suos amores	VI	45
Adeste, hendecasyllabi, quot estis	VI	42
Alfene immemor atque unanimis false sodalibus	IX	30
Amabo, mea dulcis Ipsitilla	VI	32
Ameana puella defututa	VI	41
Annales Volusi, cacata charta	VI	36
Aufilena, bonae semper laudantur amicae	II	110
Aufilena, viro contentam vivere solo	II	111
Aureli, pater esuritionum	VI	21
Aut sodes mihi redde decem sestertia, Silo	II	103
Bononiensis Rufa Rufulum fellat	IV	59
Caeli, Lesbia nostra, Lesbia illa	VI	58
Caelius Aufilenum et Quintius Aufilenam	II	100
Cenabis bene, mi Fabulle, apud me	VI	13
'Chommoda' dicebat, si quando 'commoda' vellet	II	84
Cinaede Thalle, mollior cuniculi capillo	V	25
Collis o Heliconii	VIIIb	61
Commendo tibi me ac meos amores	VI	15
Consule Pompeio primum duo, Cinna, solebant	II	113
Credis me potuisse meae maledicere vitae	II	104
Cui dono lepidum novum libellum	VI	1
Cum puero bello praeconem qui videt esse	II	106
Desine de quoquam quicquam bene velle mereri	II	73
Dianae sumus in fide	VIIIa	34
Dicebas quondam solum te nosse Catullum	II	72
Disertissime Romuli nepotum	VI	49
Egnatius, quod candidos habet dentes	IV	39
Etsi me assiduo defectum cura dolore	II	65
Firmano saltu non falso Mentula dives	II	114
Flavi, delicias tuas Catullo	VI	6
Furi, cui neque servus est neque arca	VI	23
Furi et Aureli, comites Catulli	VII	11
Furi, villula vestra non ad Austri	VI	26

Gallus habet fratres, quorum est lepidissima coniunx	II	78
Gellius audierat patruum obiurgare solere	II	74
Gellius est tenuis: quid ni? cui tam bona mater	II	89
Hesterno, Licini, die otiosi	VI	50
Iam ver egelidos refert tepores	VI	46
Ille mi par esse deo videtur	VII	51
In te, si in quemquam, dici pote, putide Vecti	II	98
Iucundum, mea vita, mihi proponis amorem	II	109
Lesbia mi dicit semper male nec tacet umquam	II	92
Lesbia mi praesente viro mala plurima dicit	II	83
Lesbius est pulcher: quid ni? quem Lesbia malit	II	79
Lugete, o Veneres Cupidinesque	VI	3
Male est, Cornifici, tuo Catullo	VI	38
Marrucine Asini, manu sinistra	VI	12
Mellitos oculos tuos, Iuventi	VI	48
Mentula conatur Pipleium scandere montem	II	105
Mentula habet instar triginta iugera prati	II	115
Mentula moechatur. moechatur mentula certe	II	94
Minister vetuli puer Falerni	VI	27
Miser Catulle, desinas ineptire	IV	8
Multas per gentes et multa per aequora vectus	II	101
Multus homo es, Naso, neque tecum multus homo est qui	II	112
Nascatur magus ex Gelli matrisque nefando	II	90
Nemone in tanto potuit populo esse, Iuventi	II	81
Ni te plus oculis meis amarem	VI	14
Nil nimium studeo, Caesar, tibi velle placere	II	93
Noli admirari quare tibi femina nulla	II	69
Non ideo, Gelli, sperabam te mihi fidum	II	91
Non (ita me di ament) quicquam referre putavi	II	97
Nulla potest mulier tantum se dicere amatam	II	87+75
Nulli se dicit mulier mea nubere malle	II	70
Num te leaena montibus Libystinis	IV	60
O Colonia, quae cupis ponte ludere longo	VIIIc	17
O dulci iucunda viro, iucunda parenti	II	67
O funde noster seu Sabine seu Tiburs	IV	44
O furum optime balneariorum	VI	33

O qui flosculus es Iuventiorum   VI   24
O rem ridiculam, Cato, et iocosam   VI   56
Odi et amo. quare id faciam fortasse requiris   II   85
Omnia qui magni dispexit lumina mundi   II   66
Oramus, si forte non molestum est   VI   55
Othonis caput oppido est pusillum   VI   54

Paene insularum, Sirmio, insularumque   IV   31
Passer, deliciae meae puellae   VI   2
Pedicabo ego vos et irrumabo   VI   16
Peliaco quondam prognatae vertice pinus   I   64
Phasellus ille, quem videtis, hospites   III   4
Pisonis comites, cohors inanis   VI   28
Poetae tenero, meo sodali   VI   35
Porci et Socration, duae sinistrae   VI   47
Pulchre convenit improbis cinaedis   VI   57

Quaenam te mala mens, miselle Ravide   VI   40
Quaeris quot mihi basiationes   VI   7
Quid dicam, Gelli, quare rosea ista labella   II   80
Quid est, Catulle? quid moraris emori?   III   52
Quid facit is, Gelli, qui cum matre atque sorore   II   88
Quinti, si tibi vis oculos debere Catullum   II   82
Quintia formosa est multis, mihi candida, longa   II   86
Quis hoc potest videre, quis potest pati   III   29
Quod mihi fortuna casuque oppressus acerbo   II   68

Risi nescio quem modo e corona   VI   53
Rufe mihi frustra ac nequiquam credite amice   II   77

Saepe tibi studioso animo venante requirens   II   116
Salax taberna vosque contubernales   IV   37
Salve, nec minimo puella naso   VI   43
Sed nunc id doleo, quod purae pura puellae   II   78b
Si, Comini, populi arbitrio tua cana senectus   II   108
Si cui iure bono sacer alarum obstitit hircus   II   71
Si cui quid cupido optantique obtigit umquam   II   107
Si qua recordanti benefacta priora voluptas   II   76
Si quicquam mutis gratum acceptumve
    sepulcris   II   96
Si quicquam tacito commissum est fido ab
    amico   II   102
Suffenus iste, Vare, quem probe nosti   IV   22
Super alta vectus Attis celeri rate maria   X   63

Surripui tibi, dum ludis, mellite Iuventi   II   99

Varus me meus ad suos amores   VI   10
Verani, omnibus e meis amicis   VI   9
Vesper adest: iuvenes, consurgite: Vesper
    Olympo   I   62
Vivamus, mea Lesbia, atque amemus   VI   5

Zmyrna mei Cinnae nonam post denique
    messem   II   95